Matthias Hoffmann

HALLELUJA – es ist nicht zu schaffen!

Einüben eines Lebensstils kindlichen Vertrauens

MATTHIAS HOFFMANN

HALLELUJA –
es ist nicht zu schaffen!

Einüben eines Lebensstils
kindlichen Vertrauens

cap-books

Bestell-Nr. 52 50406
ISBN 978-3-86773-168-3

Alle Rechte vorbehalten
© 2012 cap-books/cap-music
Oberer Garten 8
D-72221 Haiterbach-Beihingen
07456-9393-0
info@cap-music.de
www.cap-music.de

Lektorat: Esther Middeler
Umschlaggestaltung: spoon design
Druck: Schönbach-Druck, Erzhausen
Printed in Germany

Inhaltsverzeichnis

Widmung 6
Mein Vorwort 7
Karins Vorwort 13

  1. Nicht zu schaffen! 15
  2. Verrücktes Königreich 23
  3. Amazing Grace 33
  4. Der Baum des Lebens 43
  5. Halleluja, es ist vollbracht! 55
  6. „Alleine machen!" 61
  7. Werdet wie die Kinder 67
  8. Ich bin klein, mein Herz mach rein 75
  9. Papas Liebling 83
10. Ein weites Land 91
11. Auf dem Wasser laufen 99
12. Mehr als genug 105
13. Gegen den Strom 115
14. „Abba" statt „aber" 123
15. Mitten in einem Wunder leben 129
16. Abenteuer inklusive 137
17. Reif für die Insel 143
18. Abba-Weg-Gemeinschaft 149
19. Sei gut zu dir selbst 157
20. Weltverbesserer... 163
21. Vaters Land 169
22. Fit für das 3. Jahrtausend 175

Worte zum Schluss 181
Meine bisherigen Bücher 183

Widmung

Für Karin

Danke für Dein Leben und Deine Liebe, die Du mit mir teilst!
Du bist wirklich meine beste Freundin!
Ich bin super sehr gerne mit Dir zusammen unterwegs!
Du bist so anders und mir doch so vertraut!
Danke für Deine Inspiration und Dein gelebtes Vorbild!
Ich sehe in Dir das Herz eines geliebten Gottes-Kindes!

Gemeinsam sagen wir: „Danke, Abba!
Denn ohne DICH würden wir es nie schaffen!
Aber mit DIR laufen wir auf Wellen, atmen unter Wasser,
bauen Brücken in den Wolken und sammeln Schätze im Himmel!"

Mein Vorwort

Was für ein Buchtitel?!

Ein neues Jahr hat begonnen und ich bin wieder einmal dabei, im ganzen Haus Kalender aufzuhängen. Dabei lese ich auf einem Kalenderblatt folgenden Spruch des Philosophen Friedrich von Schlegel aus dem 19. Jahrhundert:

„Der Glaube an unsere Kraft kann sie ins Unendliche verstärken."

Alle Achtung – Kraft des positiven Denkens! Das könnte glatt im Handbuch eines Motivationstrainers unserer heutigen Zeit stehen. Wie anders hört sich daneben die Jahreslosung aus 2. Korinther 12,9 an, die ich auf einem anderen Kalenderblatt wiederfinde:

„Jesus Christus spricht:
‚Meine Kraft ist in den Schwachen mächtig'" (LUT).

Was stimmt denn nun?

Müssen wir Christen stark sein, das Optimale aus uns herausholen, unser volles Potenzial entwickeln, über uns hinauswachsen lernen?

Oder sollen wir lernen, schwach zu sein, zu unseren Grenzen und Unvollkommenheiten zu stehen?

Ist das Christentum nur etwas für Weicheier? Da werden Befürchtungen unseres Unterbewusstseins geweckt: Der christliche Glaube ist für Schwächlinge, Alte und Frauen ...

Oder brauchen wir geistliche Power-Helden, die selbstbewusst ihren Glaubens-Mantel ausspannen und über alle Hindernisse hinweg gleiten, so wie Superman in Hollywoodfilmen?

Mein Fazit lautet: *Halleluja – es ist nicht zu schaffen!*

Und genau darin liegt die ganze Spannung der Thematik!

Um es gleich vorwegzunehmen, meine wunderbare Frau Karin fand den Titel meines neuen Buches anfangs nicht sehr *glorreich!* Sie sagte, dass solche Worte sie eher ent-mutigen würden. So ist es aber nicht gemeint! Für mich drückt der Titel meines neuen Buches mein Lebensgefühl aus: **inmitten unmöglicher Herausforderungen voller kindlichem Vertrauen zu meinem Vater-Gott zu leben!**

(Vergib mir, mein Schatz, ich liebe Dich trotzdem ... – aber ich bleibe dabei! Schön, dass der Titel Dir nach neun Monaten nun doch zusagt!)

Halleluja – es ist nicht zu schaffen!

Seit ich an dem neuen Buch schreibe und gelegentlich auch darüber in unserer Gemeinde oder unter Freunden erste Auszüge daraus vorlese, bekomme ich so viel positives Feedback. Gerade dieser scheinbar **paradoxe Titel** hat es den Leuten angetan! Immer wieder wurde ich darauf angesprochen: *„Ja, genau! Das erlebe ich auch so! Es ist einfach nicht zu schaffen! Mein Alltag ist wie ein riesiger Berg. Die Probleme, vor denen ich stehe, scheinen unüberwindbar groß!"* Und dann auf einmal, mit Gottes Hilfe, gibt es einen Ausweg! Eine wundersame Wendung der Ereignisse! Mit unsichtbarer Hand greift der Himmel ein!

Halleluja! Preist den Herrn!

Wir leben in einer Welt ständiger Überforderungen: **Es ist wirklich nicht zu schaffen!** Wahrscheinlich deckt sich das auch mit Deinen Erfahrungen. Permanenter Druck und Stress sind womöglich auch bei Dir zu Hause, in Deiner kleinen Welt, angekommen. Die vielen Anforderungen und das hohe Maß an Selbstverantwortung. Worum soll man sich nicht alles selbst sorgen: um die Gesundheit, um die Rente, um den richtigen Energieanbieter. Tausend Tarife, Verträge und Sonderangebote. Kein Wunder, dass viele darüber verzweifeln!

Im 3. Jahrtausend der Menschheitsgeschichte nach Christi Geburt ist der postmoderne Zeitgenosse **völlig überfordert von den Ansprüchen seiner Umwelt.** Er schwankt, wie benommen, zwischen dem skandierten Erfolgsspruch á la Obama – „Yes, we can!" – und der real erlebten Ohnmacht in seinem Alltagsleben – „Ich schaffe es einfach nicht!" Täglich müssen wir Tausende kleine und große Entscheidungen treffen: Welcher Tarif hier? Welche Rentenvorsorge dort? Auf welche Schule soll mein Kind gehen? Wo finde ich das preiswerteste Angebot? Was will ich eigentlich und was will ich nicht? Welche Diät hilft tatsächlich? Welcher Partner passt zu mir? Was soll ich, was müsste ich, was kann ich, was will ich (nicht) ...?

So segensreich das mediale **Hightech-Zeitalter** uns erscheinen mag, so atemberaubend schnelllebig und absolut unlösbar sind die Folgeerscheinungen, mit denen wir es zu tun bekommen. Eigentlich sollte das Leben immer einfacher werden durch die Verwendung von hoch entwickelter Technik, sozialem Sachverstand und modernem wissenschaftlichen Know-how. Das gesamte Wissen der Menschheit ist nur einen Mausklick weit von uns allen entfernt. Jeder könnte sich das perfekte Leben „googeln". Eigentlich müssten wir es nun alle wissen – wie man glücklich lebt, Konflikte löst, nur noch Gerechtes und Gutes tut. Eigentlich müsste die „Menschheits-Evolution" quantensprunghaft ins Positive ansteigen. Leider tut sie das aber nicht! Stattdessen wird der Graben zwischen dem global-technisch-allmächtigen Bewusstsein und der persönlich-individuellen Ohnmacht täglich umso größer! Wir fliegen zu weit entfernten Sternen, aber den Weg zu unserem Nächsten finden wir nicht mehr. Wir berechnen Lösungen für die komplexesten Fragestellungen, aber haben keine Antwort auf auseinanderbrechende Beziehungen in Ehe, Familie und Gesellschaft. Wir sind hoffnungslos hilflos, wenn wir am Krankenbett eines Sterbenden stehen oder in den Nachrichtensendungen Kindersoldaten zuschauen, wie sie „Krieg spielen".

Obwohl wir mehr Wissen haben und mehr Hilfsmittel, obwohl wir gebildeter und gesünder sind, obwohl wir mehr Urlaub und Bequemlichkeiten genießen können, als jede andere Generation zuvor, sind wir mit unseren inneren Kräften sehr schnell am Limit. Der **Druck**, der auf den meisten von uns lastet, scheint täglich größer zu werden. Alle wollen etwas von mir: mein Partner, die Familie, mein Beruf, die Gesellschaft! Kein Wunder, dass immer mehr Menschen sich sehr schnell ausgebrannt fühlen. Die Zahl meiner Freunde, die (ebenso wie ich) durch einen **Burn-out** gegangen sind, steigt unaufhörlich. In unserer hoch technisierten Gesellschaft wächst das Ausmaß seelischer Erkrankungen (bis hin zu spektakulären Suiziden) rapide an. Was ist nur los mit uns *Menschenkindern?*

Selbst im **Gemeindeleben** geht der Druck dann weiter: Termine, Treffen, Mitarbeit. Überall wird gefordert und überfordert. Der erbrachte Einsatz an Finanzen, Zeit und Engagement scheint irgendwie nie zu reichen im Angesicht der übergroßen Herausforderungen an allen Ecken und Enden. Hinzu kommt, dass viele Predigtbotschaften den Eindruck vermitteln: *„Streng Dich mehr an!"* Was als Gute Nachricht daher kommt, entpuppt sich als neuer Katalog von Leistungen und Pflichten. Aus „Gnade und Glauben" werden wieder „Gesetz und Werke". So ist für viele Christen die Nachfolge zu einer entsetzlichen Plackerei geworden: Bibellesen, Beten, Stille Zeit machen, Lobpreis machen, geistlich kämpfen ... eine fromme Maschinerie. Und irgendwie reicht es dann doch nicht. Frustrierend! **Es ist nicht zu schaffen!**

Dazu kommt noch **mein eigener Wunsch** nach mehr „Heiligkeit und Heilsein"!

Ich habe eine Menge Ideale und Wunschvorstellungen, wie ich gerne leben möchte, wie ich aussehen will, was ich noch verwirklichen sollte ... Lebensträume und Visionen. Bis ich dann, wieder einmal enttäuscht, aus meinen Träumen erwache und feststellen muss, dass ich nicht aus meiner Haut kann. Da gibt es Grenzen und Abgründe in mir. Ich bin gefangen in Umständen und Sachzwängen.

Dennoch gilt: **Halleluja!**

Das ist hebräisch und bedeutet übersetzt: „Preist Jahwe, lobt den Gott, der für uns da ist!" Wir sind nicht „Kevin – allein zu Haus". Wir sind nicht allein gelassen in einer Welt voller Gefahrenherde. Es gilt immer noch: Wir haben einen Gott und Vater, der uns abgrundtief liebt! Wir gehen an der Hand des Allerstärksten und Allerbesten durch die vielfältigen Herausforderungen dieses neuen Jahrtausends. Und ER behält den Überblick! ER hat das erste und das letzte Wort in der Geschichte! Auch in meiner Biografie! **Wer diesem guten Abba-Vater sein Vertrauen schenkt, wird heil und glücklich durch die Irrungen und Wirrungen der letzten Phase der Menschheitsgeschichte gelangen, ebenso wie durch die verschlungenen Pfade und Wege der persönlichen kleinen Welten.**

Auf den folgenden Seiten wirst Du keine Patentrezepte und schnellen Lösungen finden, wohl aber die **Ermutigung zu einem Lebensstil kindlichen Vertrauens**, der Dich sicher und geborgen durch den Rest Deines Lebens führen kann.

Wie in meinen bisherigen Büchern verfolge ich nicht den Ehrgeiz, allem bis ins Kleinste auf den Grund zu gehen. Manche Gedanken und Aspekte, die ich anreiße, bleiben bruchstückhaft und warten darauf, von Dir selbst im Zwiegespräch mit Jesus weiterbedacht zu werden. So lade ich Dich am Ende jedes Kapitels zum **persönlichen Weiterdenken** ein. Meinen Lesern will ich **eine Tür öffnen**, ganz praktisch eigene Erfahrungen in der Liebe unseres himmlischen Vaters zu sammeln. Mein Gebet ist, dass meine **Freundschaft mit Abba-Vater** Dir auf plastische Weise Anschauung bietet, **wie auch Du kindlich vertrauensvoll durch Deinen Alltag gehen kannst**. Dieser Lebensstil hat in Jesus Christus seinen Ursprung und sein perfektes Vorbild. Abertausende sind in Jesu Fußstapfen weitergelaufen – so wie ich und hoffentlich auch Du!

Es geht ums **Einüben**. Dieser neue Weg muss eingeübt werden, wie fast alles in unserem Leben uns durch Übung vertraut und zugänglich gemacht wird. In diesem Buch wirst Du viele Anregungen dazu finden. Deshalb stelle Dich bitte auf einen **lebenslangen Prozess** ein! Und heute ist ein wirklich guter Tag, damit gleich zu beginnen (oder weiter zu machen)!

> *Halleluja – es ist nicht zu schaffen!*
> Halleluja – ich brauche es nicht zu schaffen!
> Halleluja – ER hat es alles bereits gemacht!

Auch Du musst Dein Leben nicht aus eigener Kraft meistern! Du darfst Jünger, Lehrling, geliebtes Kind sein und bleiben. Dein Vater-Gott hat bereits alles für Dich getan! Jesus hat auch für Dich und mich am Kreuz gerufen: *„Es ist vollbracht!"* (Johannes 19,30).

Und wie Paulus sagt: *„Ich vermag alles durch den* [Christus], *der mich mächtig macht"* (Philipper 4,13; LUT).

Wir sehen uns!

Matthias Hoffmann

Karins Vorwort

Liebling, ich fühle mich ganz geehrt, dass Du mich gebeten hast, ein Vorwort für Dein neues Buch zu schreiben! Dabei fand ich den Titel am Anfang alles andere als ermutigend, ☺! Als dann auch noch unser Sohn Steffen zu mir sagte: „Mama, da hast Du wohl etwas nicht richtig verstanden!", fasste ich den Entschluss, mich überraschen zu lassen.

Es hat mir richtig Freude bereitet, Dich beim Entstehungsprozess des neuen Buches zu erleben. Du warst streckenweise so begeistert und dankbar über manche Gedanken und Passagen. Immer wieder hast Du gesagt: „Das sind nicht meine Gedanken! Da hat sich der Vater rein gemischt!". Das fällt mir bei Dir nicht schwer zu glauben! So wie ich Dich kenne und liebe, machst Du *keine gescheiten Worte, um klug auszusehen*. Du magst viel lieber mit Deinem Abba-Vater zusammenleben und schaust, was ER gerade so anstellt, was IHN glücklich macht ... Du lässt gern SEINE Liebe und SEIN Leben in und durch Dein Herz fließen. ER, Dein Papa, und Du, SEIN „geliebter Sohnemann"! Und das ist richtig echt bei dir!

Danke, dass Du mich und andere Menschen in eure Liebesbeziehung hineinschauen lässt. Das inspiriert mein Leben!

Ich liebe Dich!

Deine Karin

Kapitel 1

Nicht zu schaffen!

Ist Dir beim Lesen der Bibel auch schon einmal aufgefallen, dass dieses Buch voller **UNMÖGLICHKEITEN** steckt?! Also, ich meine wirklich unmögliche Un-möglichkeiten! Es kann einem schwindelig dabei werden und einen geradezu „verrückt" machen ...!

Da wird erzählt, dass die Welt aus dem Nichts erschaffen wird – und tau-send Millionen Fragen bleiben dabei offen.

Ein Mann soll ein Boot bauen, in das alle Tiergattungen der Welt passen.

Wir lesen von ziemlich alten Leuten, die tatsächlich schwanger werden.

Ein Stotterer wird Prinz von Ägypten und zum Befreier Israels.

Ein Meer teilt sich und auf einmal sind Wege da, wo sonst keine waren.

Ein ganzes Volk überlebt vierzig Jahre in der Wüste.

Brot und Geflügel fallen vom Himmel, fast wie im Schlaraffenland.

Mauern stürzen ein, Feinde werden von unsichtbarer Hand bezwungen.

Mächtige Königreiche kommen und gehen.

Zeichen und Wunder am Himmel. Wunder und Zeichen auf der Erde.

Kranke werden gesund. Tote werden auferweckt.

Und das nicht nur einmal oder zweimal – sondern x-mal!

Engelwesen aus einer anderen Realität erscheinen.

Menschen hören die Stimme Gottes, erleben die Auswirkungen SEINER Kraft und Nähe.

Prophezeiungen erfüllen sich. Geschichte wird geschrieben.

Ägypten, Assur, Babylon, Griechenland, Rom ... das Volk Israel und die Stadt Jerusalem überleben sie alle.

Und dann kommt Jesus!

Wie ER auf die Erde kommt, ist beispiellos. Wie ER lebt und liebt, ist beispiellos. Wie ER stirbt und den Tod besiegt, ist beispiellos.

Da wird auf Wasser gelaufen, die Augen von Blinden können wieder sehen, fünf McFish machen 5.000 Männer satt, zwölf ungebildete Hebräer stellen die Welt auf dem Kopf.

Nie mehr wird dieser Planet so sein wie vorher. Denn der Himmel ist los!

So, und jetzt kommst Du!

Du kannst das alles lesen und es macht nichts (mehr) mit Dir.

Vielleicht gab es mal eine Zeit, da hättest Du Dich noch darüber aufgeregt. Da hättest Du, wie jeder aufrichtige Zweifler, dazwischen gerufen: *„Stopp, halt! Das sind doch alles nur Märchen, archaische Legenden und Mythen. Das gibt es doch gar nicht in echt. Das kann doch ein gebildeter Mensch nicht glauben. Ich kann nur glauben, was ich sehe und was sich beweisen lässt!"*

Das klingt jedenfalls vernünftig, oder?!

Aber dumm gelaufen – oder besser gesagt: Halleluja, gut gelaufen! Denn mittlerweile bist Du Christ geworden. Sonst würdest Du wahrscheinlich dieses Buch gar nicht in den Händen halten. Oder Du bist zumindest auf der Suche nach diesem Gott der Christen. Also hast Du irgendwie und irgendwo eine Erfahrung mit dem lebendigen Gott gemacht. Das ist wie eine **Anzahlung**. Wer Gottes Kraft und Liebe erlebt, kommt mit der stärksten Macht im ganzen Universum in Berührung. Mit Jahwe, mit El Shaddai – dem Schöpfer und Vater aller Dinge. Das ist der Gott Israels. Das ist der Vater unseres Herrn und Retters Jesus Christus. Das ist Dein und mein Papa, **Abba-Vater**!

Und der ist Gott! Der einzig wahre Gott! ER ist kein Mensch, sondern übernatürlich und nicht von dieser Welt. ER hat alles gemacht. Darum bekommt alles, was ER anpackt, eine andere Qualität. Und genau da wird es spannend für uns Christen. Denn es gibt eine Menge Leute unter den Frommen, die zwar die Existenz Gottes bejahen (weil sie IHN schon mal erlebt haben oder sich wenigstens wünschen, dass es IHN gibt), aber die übernatürliche Seite des Glaubens verleugnen. Für sie sind **Zeichen und Wunder** eher biblische „Geschichtchen". Lehrmäßige Parabeln mit Wahrheitsgehalt, die man übertragen muss. Keine tatsächlich stattgefundenen, realen Begebenheiten.

Doch wer der Bibel die göttlich-übernatürliche Seite nehmen will, müsste alle Seiten herausreißen. Bei dem blieben lediglich zwei leere Buchdeckel übrig, mit einer Menge Luft dazwischen. Denn das ganze Wort Gottes bezeugt auf jeder Seite **die natürlich-übernatürliche Geschichte Gottes mit SEINEN Menschenkindern.**

Diese Wahrheit gilt auch für all die anderen (wiedergeborenen, evangelikalen, charismatischen und sonst wie ...) Christen, die das eigentlich alles wissen müssten und doch nicht beherzigen. Das ist ja das Erschreckende: Du kannst um die göttlich-übernatürliche Dimension des christlichen Glaubens wissen, sie sogar bejahen und sie dennoch vollkommen aus Deinem normalen Alltagsleben fernhalten. Und diesen Fehler machen leider viel zu viele „lebendige Christen". Was übrig bleibt, ist ein zahnloses, **harmloses Christsein** – ohne Biss und ohne Kraft. Leute, die einen minimalistischen Glauben haben, *wo Jesus für meine Sünden gestorben ist und ich mich jetzt anstrenge, brav zu sein, um später einmal in den Himmel zu kommen.*

Was für ein armseliges Bild von Nachfolge Jesu! Menschen, die im Geist angefangen haben und die es im Fleisch, das heißt in eigener Kraft, zu Ende bringen wollen (vgl. Galater 3,3). Aber das funktioniert nicht! – Gott sei Dank!

Hast Du Dich schon einmal gefragt, **warum** uns die gesamte Bibel von all den **unlösbaren Aufgaben** und **unzumutbaren Unmöglichkeiten** erzählt?! Was will unser Gott damit nur bezwecken? Gibt es darin eine Lektion für uns zu lernen?

Ja, es stimmt, unsere Ratio wird beim Lesen der Bibel bis aufs Äußerste herausgefordert. Fast immer müsste der „gesunde Menschenverstand" widersprechen: *„So geht das aber nicht! Das ist ja unmöglich! Nein, das wird nicht klappen! Das ist nicht zu schaffen!"* Und die moderne Wissenschaft, ebenso wie Umfragen und Statistiken, gäben uns dabei womöglich noch Schützenhilfe.

Aber genau da liegt der Schlüssel, um die Tür des Verständnisses zu öffnen!

Die Bibel, 2.000 Jahre Kirchengeschichte, sowie die Biografien der Glaubenshelden unserer Tage bezeugen mit einer Stimme, dass unser lebendiger Gott ein mächtiger **Erlöser und Retter** ist. **Ein Freund, der sich besonders in Zeiten der Not, finden lässt.** In Psalm 46,2 lesen wir dazu: *„Gott ist unsere Zuflucht und Stärke, ein Helfer, bewährt in Nöten".* (Der letzte Teil kann laut der Schlachter 2000-Übersetzung auch folgendermaßen formuliert werden: *„ein Helfer, der in Nöten sehr gegenwärtig ist/sich leicht finden lässt."*)

Ohne Krankheit gäbe es kein Wunder der Heilung. Ohne Gefahr würden wir keiner Rettung bedürfen. Ohne Tod gäbe es das Wunder der Auferstehung nicht. Und ohne Kämpfe würden wir den Geschmack des Sieges nicht kennen. All diese Nöte haben das Potenzial zu beidem. Sie können uns im Schmerz festhalten, zu Boden ringen und vernichten. Aber wenn wir zulassen, dass der Druck uns näher zu unserem Gott hindrückt, besteht die wundersame Möglichkeit, dass jede Art von Druck in neue, göttliche Energie umgewandelt wird. **Unser Gott verwandelt Druck in Power!** Es bleibt SEIN Geheimnis, wie ER das jeweils anstellt. Aber die Vielzahl der Zeugen spricht für sich.

Manchmal wird das Wort „Wunder" nur im Zusammenhang mit Ereignissen oder Dingen gebraucht, für die es momentan noch keine vernünftige Erklärung (innerhalb des Rahmens der Naturgesetze) gibt. Aber sobald es dann wissenschaftlich abgesicherte Deutungen und Ergebnisse zu geben scheint, wird der Begriff aus dem Bereich des Wunderbaren wieder herausgeholt und auf eine sachlich-rationale Ebene gebracht – als *normal* bewertet. Wie kurzsichtig!

Die biblischen Worte für **Zeichen und Wunder** werden im Griechischen und Hebräischen auf zweierlei Weise gebraucht:

Zum einen steht das **Staunen** im Vordergrund. Der Mensch wundert sich, staunt über etwas, das ihn überwältigt. Etwas Unerwartetes, Großartiges, Herrliches. Etwas, das ihn glücklich macht. In diesem Sinn ist die Existenz an sich, mit der Fülle von Facetten des Lebens, ein einziges Wunderwerk.

Zum anderen (und am häufigsten) stehen diese Worte für einen **Hinweis**. Ein Zeichen weist über sich selbst hinaus, weist auf etwas oder jemanden hin. Das kann – muss aber nicht – spektakulär sein. Nicht jedes Zeichen kommt auf äußerst wundersamem Weg daher, sondern es kann auch ziemlich „normal" erscheinen. Ein Verkehrschild weist ja auch auf einen wichtigen Inhalt hin, ohne eine besondere Sensation hervorzurufen.

Mit anderen Worten: Für die Bibel sind Zeichen und Wunder nicht erst dort zu finden, wo es für den Verstand (zurzeit noch) keine Erklärung gibt oder besonders sensationelle (religiöse) Gefühle hervorgerufen werden. **Vielmehr kann alles zu einem Zeichen der Macht und Liebe Gottes werden, was mit dem Lebendigen in Berührung kommt.**

Nicht die Wunder, die Gott <u>tut</u>, stehen im Mittelpunkt, sondern ER selbst, **der Gott, der wunderbar <u>ist</u>**. Gerade deshalb ist der Erwartungshorizont der gesamten Heiligen Schrift, dass unser Gott Wunder wirkt! Auch heute noch! Die angemessene Reaktion darauf kann nur die staunende Anbetung SEINER wunderbaren Person sein!

So langsam kommen wir also dem Geheimnis auf die Spur. Die Bibel steckt voller wundersamer Geschichten und Berichte, weil uns der Heilige Geist das Staunen lehren will und uns einen Hinweis auf etwas sehr Wichtiges gibt. Die Lektion dahinter lautet: **Die Unmöglichkeiten und Zumutungen unseres Lebens sind einzig und allein dazu gut, dass sich Gottes Liebe, Größe und Möglichkeiten darin erweisen!** Die zunächst meist negativ anmutenden Ausgangssituationen entpuppen sich im Nachhinein als besonders günstige Konditionen, in denen sich Gottes Güte und Retterliebe machtvoll und äußerst kreativ entfalten können. Das ist dann der Stoff, aus dem die Wunder-Storys gemacht sind. Fast alle spannenden wahren (und auch erfundenen) Geschichten des Lebens weisen folgendes Grundmuster auf (wie es etwa in Psalm 107 – im Lied der Erlösten – beschrieben wird):

- Die Not: Menschen geraten in große Not.
- Der Glaubensakt: Sie wenden sich an ihren Gott und rufen zu IHM.
- Das Wunder: ER greift gnädig ein und rettet sie.
- Das Zeichen: Sie preisen IHN und leben als Zeichen SEINER rettenden Liebe.

Wenn ich auf mein kleines Leben schaue, erschrecke ich doch ein wenig. Wie oft habe ich meine **Lebensumstände völlig falsch eingeschätzt.** Wenn Nöte aufkamen, habe ich versucht, alles Schmerzvolle möglichst schnell wegzubeten. Als ob es das höchste Ziel im Leben eines Christen sei, möglichst schmerzlos durch die Welt zu kommen. Falsch gedacht!

Die Bibel gibt uns einen sehr realistischen und guten Anschauungsunterricht des Lebens. Hier finden wir Menschen in allen denkbaren Lebensumständen – herausgefordert durch die Kämpfe und Prüfungen des Alltags.

Ist Gott der Verursacher der Nöte? – Nein, niemals! Das passt nicht zu SEINER großen Liebe für uns!

Hat Gott die Engpässe zugelassen, um das Gold in den Herzen der Menschen durch die Feuerproben und Probleme hervorzubringen? – JA, in SEINER Weisheit, sehr oft!

Demnach sind Lebensumstände, die uns sagen wollen: „Es ist nicht zu schaffen!", genau der richtige Nährboden, damit wir zum einen lernen, unserem Gott kindlich zu vertrauen, und zum anderen erleben, wie unser Gott eingreift und Wunder wirkt.

Zum persönlichen Weiterdenken ...

? *Nimm Dir jetzt bitte ein paar Minuten Zeit, um über Deine eigene momentane Situation nachzusinnen. Wo stehst Du zurzeit vor großen Herausforderungen? Welche Berge von Unmöglichkeiten türmen sich vor Dir auf? Ich ermutige Dich, Dir stichwortartig ein paar Notizen zu machen. Und dann fang bitte an, Dir vorzustellen, ja, geradezu davon zu träumen, wie Gottes Wunder in Deinem Leben aussehen könnten.*

! *Beachte, dass Deine Unmöglichkeiten quasi die Abschussrampe für Gottes Möglichkeiten darstellen. Es wäre gut, wenn Du jetzt ein Gebet des Vertrauens sprechen könntest, in dem Du IHM Deine Not hinhältst und IHN machen lässt. Der Vater weiß am besten, dass Du es nicht allein schaffen kannst. Und Du brauchst es auch nicht! ER will und wird es für Dich tun!*

Kapitel 2

Verrücktes Königreich

Im Königreich Jesu geht es vollkommen anders zu!

Anders als alles, was uns bisher bekannt ist. Auf den ersten Blick haben wir keine Vergleichspunkte. Wir befinden uns quasi ohne Radar und Autopilot im Nirgendwo. Wir können nur auf Sicht fliegen. Da wird das Hohe niedrig gemacht und das Niedrige erhöht, damit ein Weg entsteht, auf dem unser König-Gott kommen kann. Als die Teenagerin Maria das realisierte, war bereits ein Wunder in ihr geschehen. Sie hatte den Worten Gottes, die ihr der Engelsbote übermittelte, **Vertrauen geschenkt.**

Moment! Schwanger vom Geist Gottes? Wie soll das bitteschön geschehen? Wie habe ich mir das vorzustellen? So etwas hat die Welt noch nicht gesehen, oder?

Doch! Schon das **Alte Testament** birgt reichlich Stoff für das schier Unfassbare. Wer das Wort Gottes aufmerksam liest, muss sich bald entscheiden – glaube ich, dass das alles wahr ist, oder halte ich das nur für religiös überhöhte Mythen und Fabeln? Ja, unser Gott macht es dem menschlichen Verstand nicht leicht, IHM nachzufolgen! Ich hoffe, wir sind noch nicht immun gegenüber der **Oberflächenspannung**, die auf all den biblischen Begebenheiten liegt:

- Abraham soll seinen Wunder-Sohn Isaak schlachten wie ein Opfertier.
- Jakob kämpft mit seinem Gott und geht gezeichnet, aber als Sieger hervor.
- Moses, der Prinz von Ägypten, muss erst Hirte in der Wüste werden, um dann das Volk Gottes befreien zu können.

- Bei David geht es genau andersherum: Der Hirtenjunge wird zum König erwählt.
- Gideon schickt ein großes Heer nach Hause, um die Schlacht seines Lebens zu gewinnen.
- Jona überlebt drei Tage und Nächte im Bauch eines Wals.
- Daniel und seine Freunde gehen durchs Feuer und über Löwen.

Wer es glaubt, wird selig!

Nahtlos geht es im **Neuen Testament** weiter: Eine Jungfrau wird schwanger. Das ist eine Zumutung! Zuallererst für Maria, dann für ihren Verlobten Josef. Aber auch für alle, die davon hören, so wie wir. Eine **Zumutung für unseren Verstand**!

Der verheißene Messias Jesus wird geboren. Immanuel – Gott mit uns, das ist SEIN Name. Der wahre König der Juden, der Heiland und Retter der Welt. Und sein Geburtsort ist nicht in Jerusalem oder Rom. Auch nicht in einem Palast oder Tempel, sondern in einem Stall in dem kleinen Vorort Bethlehem. Einem Kuhdorf, oder besser gesagt „Schaf-Dorf", das wahrscheinlich kein Mensch kennen würde, hätte dort nicht der Himmel die Erde berührt.

Alles an der Biografie Jesu ist außergewöhnlich, unvergleichlich und einzigartig. **Aber genau das ist mein König**, das ist unser König Jesus! Wahrer Mensch und wahrer Gott! Göttlich übernatürlich gezeugt durch den Heiligen Geist. Menschlich natürlich geboren durch die Magd des Herrn. Von Engeln, Hirten und Sterndeutern aus heidnischen Ländern als Messias-König bestätigt. Verfolgt und auf der Flucht vor den Mächtigen und Herrschern SEINES eigenen Volkes. Ein Königssohn ohne Palast und Armee. Ohne Besitz und eigene Familie. Ein Arbeiter-König, der sich mit Hammer und Nagel auskennt, mit Booten und Netzen. Zu dessen besten Freunden Fischer, Zöllner und ehemalige Huren zählen. Ein Helfer-König, der die Aussätzigen umarmt, mit kleinen Kindern spielt, Kranke mit heilenden Händen berührt, Zeit für die Armen und Schwachen hat. Ein Diener-König, der sich die Schürze umbindet, Füße wäscht und Tränen trocknet. Ein Retter-König, der den Stürmen und den Mächten des Todes gebietet. Ein königlicher Freund für Sünder, aber auch für selbstgerechte Fromme.

Jesus ist der **König mit der Dornenkrone**! Der Messias am Kreuz. Waren schon SEIN Leben und SEIN aufopferndes Dienen in der Liebe des himmlischen Vaters so ganz anders als jedes andere Leben hier auf der Erde, so ist doch SEIN stellvertretendes Leiden und Sterben am Kreuz der stärkste Ausdruck SEINER göttlichen Herrschaft. Auf diesen Plan ist und wäre kein anderer gekommen. Selbst der Feind Gottes, Satan, war schockiert darüber!

Jesus ist Sieger, indem ER Opfer wird! ER opfert SICH als Herrscher für SEIN eigenes Volk, für die gesamte Menschheit! ER bringt die gefallene Schöpfung wieder in Gottes Ordnung zurück. ER heilt die tödliche Wunde, gerissen durch den eigenwilligen Stolz der menschlichen Sünde, indem ER SICH demütigt und dem gerechten Urteil und Willen des Vaters anvertraut.

Darum hat IHN auch der Vater als Ersten von den Toten auferweckt und über alles erhöht. Jetzt sitzt mein König Jesus zur Rechten Gottes. An dem Platz der grenzenlosen Herrschaft und souveränen Macht des Allerhöchsten. Jetzt ist IHM alle Vollmacht gegeben in den Himmeln und auf der Erde. Jetzt ist ER der **Reichgekrönte**, der König mit den unzählig vielen Kronen! Und es ist nur noch eine Frage der Zeit, bis sich SEINE Herrschaft über alles endgültig ausgebreitet haben wird.

Die Evangelien berichten uns, dass Jesus hauptsächlich eine Botschaft predigte:

> *„Das Reich der Himmel* [das Königreich Gottes] *ist nahe herbeigekommen"* (Matthäus 4,17).

Manchmal sprach ER vom „Himmelreich MEINES Vaters" oder ER nannte es das „ewige Leben". Oftmals malte ER es gleichnishaft SEINEN Zuhörern in vielfältigen Bildern aus ihrem eigenen Lebenskontext vor Augen. Bei allem machte ER aber deutlich: Das Reich Gottes ist nicht von dieser Welt! Es ist zwar mittendrin im Alltagsleben, aber es ist vollkommen anders, als alle menschlichen Machtstrukturen. Es ist kein politisches oder religiöses System, auch keine Ideologie, der man folgen müsste. Vielmehr ist es **ein neuer Lebensraum**. Eine neue Realität, zu leben. Ein Lebensstil des Himmels inmitten irdischer Umstände. **Wie im Himmel, so auf Erden!**

In der **Bergpredigt** (Matthäus 5-7) skizziert Jesus die Grundzüge der Königsherrschaft Gottes. Eigentlich ist das, was er darlegt, nichts Neues, denn unser Gott ist König und Herrscher des Universums von Anbeginn. Aber durch die Präsentation in Christus wird diese Urwahrheit zu einem vorgelebten Bild hier auf der Erde und in menschlicher Form ausgedrückt. **Jesus, der Sohn Gottes, ist der Erste und Prototyp dieses himmlischen Reiches.** Darum steckt manche Überraschung in den Worten Jesu.

Die Juden mussten schlucken, weil ER ihre Sicht korrigierte: Es reicht einfach nicht, die Thora, das perfekte Gesetz Gottes, zu haben, zu ehren und zu befolgen. **Das Königreich des Himmels ist nicht ohne den König Jesus zu bekommen!** Wir bekommen es einzig und allein in Bindung an SEINE Person. Nur da, wo der König selbst ist, wo ER willkommen geheißen wird, beginnt diese Wirklichkeit! Der Buchstabe allein genügt nicht.

Auch die gebildeten Hellenisten mussten tief Luft holen, als Jesus die einführenden Worte (Präambel) zu SEINER Rede hielt. Wen preist ER da glückselig? Die Armen, Schwachen, Bedürftigen, Ohnmächtigen, Leidenden?! Das passt nicht in das Weltbild von Erfolg und Macht, damals wie heute. *Deutschland sucht den Superstar!* Eine ganze Welt sucht nach Idolen und Siegertypen! Wir wollen Helden! Aber das Himmelreich ist diametral anders! Hier zählt eine andere Gerechtigkeit und Stärke! **Hier kommt es darauf an, klein zu werden**, damit Gott groß sein kann! Das Himmelreich ist nicht für uns gemacht, sondern für IHN, den König. ER ist der Mittelpunkt, nicht wir! Und dennoch kommen wir dabei nicht zu kurz, weil ER, der Mächtige, als ein vollkommener, liebevoller Vater, uns liebt und für uns sorgt.

In den **Gleichnissen** in Matthäus 13 beschreibt Jesus die Eigenschaften von diesem Reich Gottes: Es ist wachstümlich wie ein Samenkorn, es hat seinen Preis, wie eine kostbare Perle oder ein Schatz, und es kommt selbst unter widrigen Umständen hervor, umgeben von Unkraut. Das Wesentliche im Reich Gottes ist die Gemeinschaft mit dem König selbst; das wird deutlich in Matthäus 20, wo die gemeinsame Zeit mit dem Hausherrn als der wahre Lohn der Arbeit im Weinberg hervorgehoben wird. Beim königlichen Hochzeitsmahl in Matthäus 22 erfahren wir, dass die Einladung zum Fest im Reich Gottes persönlich angenommen werden will. Der König wartet auf unsere Entscheidung und unser Kommen. In Matthäus 25 warten dann die Klugen auf das Kommen des Königs. Dieses Leben in Erwartung führt dazu, dass sie ihre Talente einbringen und einen Lebensstil der Barmherzigkeit führen – wie es unser Diener-König vorgelebt hat.

So wird das Himmelreich zur Herzens-Angelegenheit. Es geht um **ein neues Herz**, eine neue Personenmitte. *„Das Reich Gottes ist inwendig in* *euch"* (Lukas 17,21). Wir müssen von oben/von Neuem geboren werden (vgl. Johannes 3,3) und so das Königreich aufnehmen wie ein Kind (vgl. Matthäus 10,15). Nur neu gewordene/erneuerte Menschen können dieses neue Leben mit dem Gütesiegel des Königreich Gottes auch tatsächlich leben. Der Zugangscode zum Himmelreich ist eine von Gott geschenkte **Neugeburt aus Wasser und Geist.** *Wasser* steht für Reinigung, Umkehr und Vergebung. *Geist* steht für die Dimension des Heiligen Geistes, der uns Glauben schenkt, unseren inneren Menschen freisetzt und uns Zugang verschafft zu der unsichtbaren Wirklichkeit Gottes. Das ist ein **Schöpfungswunder** wie zu Beginn der Welt, als Gottes Geist über den Wassern brütete und alles Leben daraus erwuchs. So schenkt Gottes Geist den Kindern Gottes ein neues Leben in der Realität SEINER königlichen Herrschaft. Das sind die Menschen, die sich demütigen und klein werden, **Kind werden.** Nur Kinderherzen haben Zutritt zum Reich Gottes (vgl. Lukas 18,16)! Kinder brauchen einen Vater! Und unser Abba-Vater ist der König aller Könige und Herr aller Herren!

Paulus schreibt in Kolosser 1,13: *„Er* [der Vater] *hat uns errettet aus der Herrschaft der Finsternis und hat uns versetzt in das Reich des Sohnes seiner Liebe".* Wir sind versetzt worden, *„verrückt"* worden (nach Luthers Übersetzung), von einem Reich in ein anderes Reich. Wir wurden freigesetzt von der Knechtschaft der Finsternis und umgepflanzt in das wunderbare Reich der Vaterliebe Gottes, die ER uns in SEINEM Sohn Jesus zugänglich gemacht hat. Das ist Leben im Reich Gottes. **Wir sind Ver-rückte** – im wahrsten Sinne des Wortes! Das ist **das verrückte Königreich des Vaters!**

Hier gelten andere Maßstäbe und Prinzipien. Alles ist anders! Deshalb müssen wir **umdenken lernen**, eine neue Art zu denken. Das griechische Wort dafür, *„metanoia"*, bedeutet „Buße tun, umkehren". *„Tut Buße, denn das Reich Gottes ist nahe herbeigekommen"* (Matthäus 4,17). Es klingt doch verrückt, die Feinde zu lieben. Es ist quer gedacht, meinen Peinigern und Schuldnern zu vergeben. Es ist absolut neu, dass Geben seliger ist als Nehmen. Es mutet überirdisch an, sich auf Gott zu verlassen und nicht auf meinen eigenen Verstand. Es ist höchst ungewöhnlich, auf Rache und Vergeltung zu verzichten, auch wenn ich mich im Recht weiß. Es überrascht unser Denken, dass Schwachheit etwas Gutes sein könnte. Es widerspricht unseren Erfahrungen, dass es besser ist, Unrecht zu leiden, als Unrecht zu tun. Es ist unfassbar, dass der Verzicht auf eigene Selbstverwirklichung zu wahrer Lebensfreude führt ...

So ließe sich die Liste der **neuen Gedanken aus dem Königreich Gottes** noch lange fortsetzen. Was wir aber schon festhalten können, ist, dass so ziemlich alles im Reich Gottes andersherum läuft, als wir es bisher nach den alten Schemata gewohnt waren.

Das Leben im verrückten Königreich Jesu muss ganz neu empfangen und angewandt werden! Jesus spricht von einer **lebenslangen Jüngerschaft**. Ein beständiges Umlernen, Verlernen und Neues erlernen. Das Reich Gottes ist ein Weg voller Dynamik und Prozesse. Kein starres Lehrgebäude oder statisches Konzept von Richtigkeiten. Das ist manchmal mühseliger, als wenn alles schon feststünde. Mit Jesus unterwegs zu sein, ist ein Abenteuer und birgt Risiken in sich. Wir machen Fehler, gehen Umwege, können uns verlaufen und übers Ziel hinausschießen. Ein Jünger ist noch kein Meister, sondern Lehrling. Da geht schon mal was daneben. Von einem Auszubildenden wird nicht erwartet, dass er alles selbst kann und beherrscht. Er führt Aufträge aus, er lernt unter Anleitung, bleibt aber in einem Abhängigkeitsverhältnis zu seinem Meister.

So verstehen sich selbst die großen Apostel lediglich als Diener und Botschafter ihres Königs und nicht als eigenständige Bestimmer. Sie sind **Botschafter an Christi statt** (vgl. 2. Korinther 5,20). Als Gäste und Fremde leben sie fern ihrer eigentlichen Heimat. In der Welt, aber nicht von der Welt. So gut es geht, richten sie sich in der Fremde ein. Sie arrangieren sich mit den Gepflogenheiten ihrer Umwelt. Sie passen sich bis zu einem gewissen Grad sogar den Umständen an. Sie essen die Speisen, sprechen die jeweilige Sprache, kleiden sich wie alle anderen. Und dennoch unterscheiden sie sich in gravierenden Punkten. Denn ihr Dasein hat Ziel und Bestimmung. **Sie repräsentieren mit ihrer ganzen Existenz ihren König und dessen Reich.** Manchmal treten sie bewusst in ihrer *Andersartigkeit* hervor. Sie treten auf in SEINEM Auftrag, in SEINEM Namen und in SEINER Autorität, mit SEINER Vollmacht. Sie leben aus SEINEN Ressourcen und SEINEN Reichtümern. Sie vertreten SEINE Gedanken, Wünsche und Pläne. Sie verfolgen SEINE Visionen und Ziele. Sie leben ausschließlich für IHN! In einem fernen Land, aber mit der Heimat im Herzen und in ständiger Verbindung mit ihrem guten Herrscher. Ja, sie sind mehr als Angestellte – der König hat SEINE eigenen Kinder gesandt. **Prinzen und Prinzessinnen!** Wer könnte IHN besser repräsentieren?!

Wie ein *Botschaftsgebäude* heutzutage ein Stück souveränes Gebiet der Nation darstellt, die dort vertreten wird, **so ist die Gemeinde Jesu bereits**

ein Stück himmlische Heimat hier auf dieser Erde. Hier regiert unser König uneingeschränkt. Hier gelten alle Spielregeln SEINES Reiches. Die Gemeinde ist SEINE Familie, das Vaterhaus SEINER Liebe. Sie ist SEINE *ständige Vertretung* auf diesem Planeten. ER hat versprochen, dass ER im Kreis SEINER geliebten Kinder besonders erfahrbar ist! Deshalb unterscheidet sich die Gemeinde (die *„Ekklesia" – die herausgerufene Versammlung*) gravierend vom Rest der Welt.

Zwei Wahrheiten wollen dabei bedacht sein:

1. **Das Reich Gottes ist größer als die Gemeinde Jesu** und geht auch nicht völlig in ihr auf. Das Reich unseres Königs will und wird sich auf der ganzen Welt ausbreiten. In allen Bereichen der Gesellschaft. In der Berufswelt, Politik, Ökonomie, Kultur, Medien, etc. Also, es ist so viel größer!
2. **Das Reich Gottes ereignet sich vor allem in der Gemeinde Jesu!** Die Gemeinde ist *der* Ort, den sich Gott vornehmlich erwählt hat, um SEIN Königreich sichtbar werden zu lassen. Hier liegt der Fokus SEINES Interesses – denn sie ist SEINE geliebte Braut!

Nur die Zusammenschau beider Wahrheiten, wie wir es auch in der Bibel wiederfinden, bewahrt uns vor ungesunden Einseitigkeiten und falschen Extremen.

Wenn wir nun die Facetten, die wir bereits beleuchtet haben, zusammen betrachten, ergibt sich folgendes **Bild vom Reich Gottes**:

Das Königreich Jesu ist kein statisches Territorium mit festgelegten Grenzen in Zeit und Raum. Es ist ein wachstümlich-dynamisch-geistliches Reich und beginnt überall dort, wo Jesus in Person König sein darf. Der König steht im Zentrum. Wo ER regiert, da ist SEIN Reich. SEINE Herrschaft beginnt in den Herzen. Sie wirkt von innen nach außen. Im Königreich Jesu leben **Kinder, Lehrlinge und Botschafter** – Menschen, die sich IHM anvertrauen. Menschen, die in gewisser Weise schwach sind. Sie brauchen IHN – SEINE Hilfe, Versorgung, SEINEN Rat, Schutz, etc. Sie schaffen es nicht allein – und wollen es auch gar nicht! Ihr Bestreben ist nicht Unabhängigkeit und Selbstverwirklichung, sondern Einheit und Hingabe im Zusammenwirken für SEINE Ziele. ER soll groß rauskommen! **Sie suchen SEINE Ehre und Herrlichkeit** – und nicht die ihre!

In der ganzen Bibel können wir die Spuren dieses „verrückten Königreiches" nachlesen und nachzeichnen. Unser Vater und König führt SEINE Leute in die unmöglichsten Situationen, nur mit dem einen Ziel: dass SEINE gute Herrschaft sichtbar wird und sich durchsetzt! **Was manchmal so verrückt aussieht, hat beim Vater Weisheit, Plan und Ziel!**

Zum persönlichen Weiterdenken ...

? Welche Andersartigkeiten/Verrücktheiten des Reiches Gottes sind Dir schon einmal besonders aufgefallen? Wo findest Du es schwierig, so zu leben? Und wo bist Du darüber glücklich, in dieser anderen Realität zu Hause zu sein?

? Was löst der Gedanke bei Dir aus, als Kind, Lehrling und Botschafter im Reich Gottes zu leben? Kannst Du darin eine Botschaft für Deinen Lebensalltag entdecken? Wo stehst Du persönlich verrückten Herausforderungen gegenüber?

! Ich ermutige Dich, mithilfe des Vaters noch einmal neu hinzuschauen. Welche höhere Weisheit, Pläne und Ziele verfolgt ER wohl damit, dass Du jetzt durch diese Zeit gehst? Denke daran: Manches, was anfangs nur wie ein dunkler Tunnel aussieht, entwickelt sich zu einem Geburtskanal. Der Weg zu neuem Leben führt in der Regel erst durch den Engpass von Geburtsschmerzen! Bitte den Vater, Dich wie eine Hebamme durch alle Schmerzen ins Leben zu ziehen!

Kapitel 3

Amazing Grace

Amazing Grace (zu Deutsch: „erstaunliche Gnade") ... und schon summt eine kleine Melodie in mir. Mhhh ... *how sweet the sound that saved a wretch like me (wie lieblich der Klang, der einen Sünder wie mich rettete)* ... Kannst Du die Melodie auch hören? Dieser Song ist um die ganze Welt gegangen. Und obwohl er weit über zweihundert Jahre alt ist, hat er nichts von seiner Strahlkraft verloren. Kennst Du eigentlich die wahre Geschichte, die dahinter steht?

Dieses Lied wurde von **John Newton** (1725-1807) verfasst. Er war der berüchtigte Kapitän eines Sklavenschiffs, durch das Afrikaner wie wilde Tiere eingefangen und unter grausamsten Umständen in die Kolonien der neuen Welt nach Nordamerika verfrachtet wurden. Viele dieser Opfer starben unterwegs. Im Jahr 1748 geriet sein Schiff in schwere Seenot. Das wurde zum Wendepunkt im Leben von John Newton. Im Angesicht des Todes und der Verfehlungen seines Lebens schrie er im Gebet zu Gott und flehte um Erbarmen. Durch ein Wunder überlebte er die Katastrophe. Danach wurde sein Leben völlig neu. Er wollte nur noch für diesen gnädigen Gott leben, der ihm das Leben gerettet und alle Schuld vergeben hatte. Aus dem Sklavenhändler wurde ein begnadeter Verkündiger des Evangeliums sowie ein Liederdichter vieler geistlicher Songs. Und auch ein überzeugter Bekämpfer der Sklaverei, an der Seite des gläubigen Politikers William Wilberforce (durch dessen Engagement Großbritannien die Sklaverei per Gesetz verbieten ließ). *Amazing Grace* – ein Glaubenslied von der übergroßen Gnade Gottes, die einem geistlich Blinden die Augen öffnete und Rettung vor dem ewigen Tod brachte. Dieses Lied avancierte zum Hit. Bis auf den heutigen Tag wird es in allen möglichen Kirchen, Konfessionen und Konzertsälen gesungen, interpretiert von den unterschiedlichsten Künstlern. Es ist zu einer **zeitlosen Hymne christlichen Glaubens** geworden!

Warum?

Weil es das Herzstück des Evangeliums berührt! Darum geht es zutiefst, wenn wir über den Glauben der Christen sprechen! Es geht um die **Gnade Gottes**!

Aber was bedeutet Gnade?

Dieses Wort erscheint so altertümlich und kommt in unserer heutigen Sprache kaum noch vor. Und wenn, dann meistens in negativer Form, wie *Gnadenbrot* oder *Gnadenschuss*. Wir sagen *gnädige Dame* oder sprechen vom *gnädigen Tod*. Es scheint, als hätten wir den wahren Sinn der Gnade aus den Augen verloren. Es gibt sogar Fremdsprachen, die dieses Wort gar nicht kennen und führen. In den anderen Religionen spielt Gnade keine Rolle. Leider oft auch nicht in der Kirche Jesu.

Dabei ist Gnade *der* **zentrale Schlüsselbegriff in der ganzen Bibel**. Er steht für den Inbegriff von Gottes schenkender Liebe und absoluter Güte. Schon im Alten Testament schmecken die Gläubigen die „*chäsäd*" *Jahwes* und sehnen sich nach mehr von ihr. Gerade die Psalmen beschreiben das Vertrauen der Beter in Gottes liebende Güte und Gnadenerweise. Im Neuen Testament geht dieser Traum dann gänzlich in Erfüllung. Alles ist „*charis*" – Gnade, und „*charisma*" – Gnadengeschenk.

Die Gnade Gottes bekommt einen Namen: Jesus! Gottes Sohn, voller Gnade, kommt und schenkt uns unverdientermaßen SEINE Gerechtigkeit; ER versöhnt uns mit dem Vater und stellt die verloren gegangene Vertrauensbeziehung zu Abba wieder her. Nicht durch Werke, die wir getan hätten, sondern allein durch unser Vertrauen in SEIN gnädiges Werk, bekommen wir Zugang zu dieser Realität!

> *„Denn aus* **Gnade** *seid ihr errettet durch den Glauben, und* _das nicht aus euch – Gottes Gabe_ *ist es;* _nicht aus Werken_, *damit niemand sich rühme. Denn wir sind seine Schöpfung,* _erschaffen in Christus_ *Jesus zu guten Werken,* _die Gott zuvor bereitet hat_, *damit wir in ihnen wandeln sollen"* (Epheser 2,8-10).

Alles im Reich Gottes ist Gnade!

Das Reich Gottes ist auf der gnadenvollen Agape-Liebe aufgebaut. Es besteht aus *„Gerechtigkeit, Friede und Freude im Heiligen Geist"* (Römer 14,17). Der Gott der Liebe höchstpersönlich ist Initiator, Hauptperson und Akteur. Durch IHN ist alles gemacht! Ohne IHN läuft nichts. SEINE Agape-Liebe erhält alles am Leben. Sie ist Ursprung, Quelle, Motivation und Ziel. Das ganze Universum beruht auf SEINEM Willen und SEINER Kraft. An SEINEM Segen ist alles gelegen. Alles ist Gnade!

Ja, das sagen wir oft leichtfertig so dahin: Alles ist Gnade! Aber was heißt das ganz praktisch? Wie sieht ein Leben unter der Gnade Gottes aus?

Der **Apostel Paulus** ist, wie kaum ein anderer, ein lebendiges Beispiel für Gnade. Die erstaunliche Gnade wurde zum Thema und zur Botschaft seines Lebens. In jedem seiner Briefe beruft er sich darauf und entfaltet ein Stückchen mehr von dem großartigen Geheimnis:

> *„(...) durch welchen wir* **Gnade** *und Aposteldienst empfangen haben (...)"* (Römer 1,5).

> *„(...) sodass sie ohne Verdienst gerechtfertigt werden durch seine [Gottes]* **Gnade** *aufgrund der Erlösung, die in Christus Jesus ist (...)"* (Römer 3,24).

> *„(...) wie viel mehr ist die* **Gnade** *Gottes und das* **Gnadengeschenk** *durch den einen Menschen Jesus Christus in überströmendem Maß zu den Vielen gekommen (...)"* (Römer 5,15).

> *„(...) der Lohn der Sünde ist der Tod; aber die* **Gnadengabe** *Gottes ist das ewige Leben in Christus Jesus, unserem Herrn (...)"* (Römer 6,23).

> *„(...) durch Gottes* **Gnade** *bin ich, was ich bin; und seine* **Gnade**, *die er an mir erwiesen hat, ist nicht vergeblich gewesen, sondern ich habe mehr gearbeitet als sie alle; jedoch nicht ich, sondern die* **Gnade** *Gottes, die mit mir ist (...)"* (1. Korinther 15,10).

*„(...) denn dies ist unser Ruhm: das Zeugnis unseres Gewissens, dass wir in Einfalt und göttlicher Lauterkeit, nicht in fleischlicher Weisheit, sondern in göttlicher **Gnade** gewandelt sind in der Welt (...)"*   (2. Korinther 1,12).

*„(...) denn es geschieht alles um euretwillen, damit die zunehmende **Gnade** durch die Vielen den Dank überfließen lasse zur Ehre Gottes (...)"*   (2. Korinther 4,15).

*„Gott aber ist mächtig, euch jede **Gnade** im Überfluss zu spenden, sodass ihr in allem allezeit Genüge habt und überreich seid zu jedem guten Werk (...)"*   (2. Korinther 9,8).

*„Gott hat zu mir gesagt: Lass dir an meiner **Gnade** genügen, denn meine Kraft wird in der Schwachheit vollkommen! Darum will ich mich am liebsten vielmehr meiner Schwachheit rühmen, damit die Kraft des Christus bei mir wohne (...)"*   (2. Korinther 12,9).

*„(...) ihr seid aus der **Gnade** gefallen (...)"*   (Galater 5,4).

*„(...) dessen Diener ich geworden bin, gemäß der Gabe der **Gnade** Gottes, die mir gegeben ist nach der Wirkung seiner Kraft. Mir, dem allergeringsten unter den Heiligen ist die **Gnade** gegeben worden, unter den Heiden den unausforschlichen Reichtum des Christus zu verkündigen (...)"*   (Epheser 3,7-8).

*„(...) euch wurde **Gnade** verliehen, nicht nur an ihn [Jesus] zu glauben, sondern auch um seinetwillen zu leiden"*
                                        (Philipper 1,29).

*„(...) da ihr von der **Gnade** Gottes gehört und sie in Wahrheit erkannt habt (...)"*   (Kolosser 1,6).

„(...) er selbst aber, unser Herr Jesus Christus, und unser Gott und Vater, der uns geliebt hat und uns einen ewigen Trost und eine

*gute Hoffnung gegeben hat durch **Gnade**, der tröste eure Herzen und stärke euch in jedem guten Wort und Werk"*

(2. Thessalonicher 2,16-17).

*„(...) und die **Gnade** unseres Herrn wurde über alle Maßen groß samt dem Glauben und der Liebe, die in Christus Jesus ist. (...) Aber darum ist mir Erbarmung widerfahren, damit an mir zuerst Jesus Christus alle Langmut erzeige, zum Vorbild für die, die künftig an ihn glauben würden zum ewigen Leben"*

(1. Timotheus 1,14-16).

*„Er hat uns ja gerettet und berufen mit einem heiligen Ruf, nicht aufgrund unserer Werke, sondern aufgrund seines eigenen Vorsatzes und der **Gnade**, die uns in Christus Jesus vor ewigen Zeiten gegeben wurde"* (2. Timotheus 1,9).

*„(...) denn die **Gnade** Gottes ist erschienen, <u>die heilbringend ist</u> <u>für alle Menschen</u>; <u>sie nimmt uns in Zucht</u>, damit wir die Gottlosigkeit und die weltlichen Begierden verleugnen und besonnen und gerecht und gottesfürchtig leben in der Weltzeit, indem wir die glückselige Hoffnung erwarten und die Erscheinung der Herrlichkeit des großen Gottes und unseres Retters Jesus Christus"*

(Titus 2,11-13).

*„(...) als aber die Freundlichkeit und Menschenliebe Gottes, unseres Retter, erschien, da hat er uns – nicht um der Werke der Gerechtigkeit willen, die wir getan hätten, <u>sondern aufgrund seiner</u> <u>Barmherzigkeit</u> – errettet durch das Bad der Wiedergeburt und durch die Erneuerung des Heiligen Geistes, den er überreichlich über uns ausgegossen hat durch Jesus Christus, unseren Retter, damit wir durch seine **Gnade** gerechtfertigt, der Hoffnung gemäß Erben des ewigen Lebens würden"* (Titus 3,4-8).

... Puh!!!

Paulus erfuhr die Gnade Gottes in doppelter Weise:

Zum einen sah er sich als **begnadigt**. Er hätte in Gottes Augen Zorn und die Todesstrafe verdient. Schließlich war er einer der schärfsten Verfolger der ersten Christen gewesen. Sein blinder fanatischer Eifer ließ ihn schuldig werden am Tod etlicher Männer, Frauen und Kinder. Das Blut der ersten christlichen Märtyrer klebte an seinen Händen. Und diese Schuld würde ihn sein ganzes Leben lang verfolgen. Auch noch, nachdem er sich vor Damaskus vom Saulus zum Paulus bekehrte. In den folgenden Jahren wird er überall in den Gemeinden Vorderasiens auf Angehörige und Freunde seiner ehemaligen Opfer getroffen sein. Wie lebt man mit solch einer Gewissenslast?

Ein Mörder wie er lebt von der Vergebung seiner Schuld, auch wenn die bösen Taten dadurch nicht ungeschehen gemacht werden können. Aber er braucht darüber hinaus Gnade, um weiterleben zu können. Die Begnadigung muss umfassend sein. **Freiheit von Schuld und Scham**, und zugleich die Chance auf einen unverbrauchten **Neuanfang**. Durch alle inneren Kämpfe und Qualen hindurch erlebte der Apostel **Heilung und Wiederherstellung** seines Lebens durch die Gnade Christi. Das Opfer Jesu am Kreuz war groß genug, um auch für sein Versagen aufzukommen. Das Blut Jesu spricht lauter, als das Blut an unseren Händen. Davon musste er weitersagen, immer und überall. So wurde das Thema Gnade zu seiner Lebensbotschaft. Seine ganze Existenz war eine Predigt dazu.

Zum anderen lebte Paulus in dem Wissen, von Gott **begnadet** zu sein. Zur natürlichen Grundausstattung seines Lebens gehörten eine Menge herausragender Begabungen und Fähigkeiten, die er alle mehrfach aufzählt (vgl. Galater 2; 2. Korinther 11). Er kam aus einem guten Elternhaus, trotz seiner Jugend genoss er großes Ansehen, er war überdurchschnittlich begabt, sehr intelligent und erfolgreich. Ein begnadeter Redner und Gelehrter. Eine großartige und starke Führungspersönlichkeit. Bestimmt war auch so sein Name Saulus zu verstehen, hergeleitet vom großen König Israels. Doch all seine Gnadengaben mussten durch den Zerbruch vor Damaskus gehen (vgl. Apostelgeschichte 9). Seine eigene Stärke stand ihm scheinbar im Weg. „Wer bist Du?" – „Ich bin Christus, den du verfolgst!" Blinde Augen, blind für die Wahrheit Gottes.

Was blind but now I see (ich war blind, jetzt kann ich sehen) – so sang auch John Newton in *Amazing Grace*. Geblendet vom Licht der Wahrheit.

Blind und hilflos sind ebenso Paulus' erste Schritte nach der Begegnung mit dem auferstandenen Herrn. In diesem Zustand der Schwäche erlebt sich der Apostel klein und bedürftig. Jetzt kann und will er sich nicht mehr auf seine eigene Kraft verlassen. Fortan nennt er sich lieber **Paulus – der Kleine**. Als ständige Erinnerung an die neu entdeckte Wahrheit: **Ich bin klein – aber mein Gott ist groß!** Jetzt will er sich nur noch seiner Schwachheit rühmen. Denn seine Begrenztheit hat ihn etwas völlig Neues gelehrt: Wenn er schwach ist, kommt Gottes Gnade noch viel besser zum Zug. <u>Die Gnade ermöglicht ihm eine zweite Chance.</u> Der kleine Paulus erlebt jeden Tag als Zugabe, als neues, unverdientes Geschenk. <u>Begnadet. Beschenkt. Beglückt.</u>

Die Gnade erhält ihn demütig und abhängig. Er braucht sie immer wieder neu. Gott nimmt ihm den Pfahl im Fleisch (vgl. 2. Korinther 12,7) nicht weg. Ist es die Gewissenslast, die trotz Vergebung und Neuanfang sein lebenslanger Begleiter sein würde, oder ist es etwas anderes, das ihn schmerzhaft an seine Begrenztheit erinnert? Dreimal hatte er seinen Gott konkret und vollmächtig angerufen: *„Nimm es doch bitte weg!"* Dann hörte er die Stimme seines geliebten Meisters und Freundes: *„Nein, mein Sohn, genau das ist doch MEIN Plan. Dieser Stachel sitzt und soll dich immer wieder zu MIR zurückbringen. Du brauchst MICH zum Leben. MEIN geliebtes Kind, jetzt brauchst Du nichts anderes mehr! **MEINE Gnade ist genug für dich!** Du schaffst es nicht allein."*

Halleluja, wir können es nicht allein schaffen! Halleluja, wir brauchen es auch nicht allein zu schaffen!

> *„Gott aber, der reich ist an Erbarmen, hat um seiner großen Liebe willen, mit der er uns geliebt hat, auch uns, die wir tot waren durch die Übertretungen, mit dem Christus lebendig gemacht – aus **Gnade** seid ihr errettet! – und hat uns mit auferweckt und mit versetzt in die himmlischen Regionen in Christus Jesus, damit er in den kommenden Weltzeiten den überschwänglichen Reichtum seiner **Gnade** in Güte an uns erweise in Christus Jesus"*
> (Epheser 2,4-7).

Jetzt sehe ich Hunderte von Gesichtern vor meinem inneren Auge vorüberziehen: **Menschen der Gnade.** Alles Leute, denen die Gnade Gottes machtvoll begegnet ist. Auch sie waren einst mehr tot als lebendig, bis sie von der Liebe und Güte unseres himmlischen Vaters erreicht wurden. Nun überstrahlt die Gnade ihr Leben. Ich denke an ...

- ... die Frau, die sich aufgrund von jahrelangem sexuellen Missbrauch so schmutzig fühlte. Heute ist sie durch die Gnade Gottes eine Person, die Reinheit und Liebe ausstrahlt.
- ... den Mann, der unter den unerbittlichen Erwartungen seines überstrengen Vaters am Leben verzweifelte und zerbrach. Heute steht er mitten im Leben und ist durch die Gnade Gottes zu einem gütigen, geistlichen Vater in Christus für viele herangereift.
- ... das Ehepaar in mittleren Jahren, das kurz davor stand, sich zu trennen, weil ihre Liebe füreinander erkaltet war. Schließlich erkannten beide, dass sie beim Partner die Liebe suchten, die ihnen nur Gott selbst geben kann. Heute sind sie durch die Gnade Gottes eine Anlaufstelle für viele Ehepaare, denen sie kompetent weiterhelfen können.
- ... den Pastor, der durch eine heftige Lebenskrise bis hin zum Burn-out gehen musste, um zu erkennen, dass er seine ganze Identität aus dem Dienst bezog. Heute lebt er durch die Gnade Gottes befreit vom Joch der Leistung.
- ... die Frau, die für lange Zeit in Depression gefangen war, bis ihr der Trost der Liebe des Vaters begegnete. Durch die Gnade Gottes kann sie heute viele Notleidende trösten mit dem Trost, mit dem sie selbst getröstet wurde.
- ... den leitenden Mitarbeiter einer Gemeinde, der sich seine ganze Lebenskraft und Bestätigung aus dem Dienst an anderen Menschen holte und dabei ständig Enttäuschungen erlitt. Heute lebt er durch die Gnade Gottes frei von aller Menschengefälligkeit und dabei doch den Menschen zugewandt.
- ... den Unternehmer, der von Sorgen um sein Geschäft fast zerfressen wurde und ernsthaft erkrankte. Dann begegnete ihm die Gnade Gottes und stellte sein Leben auf eine neue Basis. Heute ist Jesus der Chef in seinem Betrieb und er kann nachts wieder schlafen.

- ... die Künstlerin, die schmerzhaft erfuhr, dass ihr eigenes Leben das Ergebnis einer Vergewaltigung war und daran fast zerbrach. Heute ist sie ein lebender Beweis für die alles erneuernde Macht der gnädigen Vaterliebe Gottes.
- ... das junge Ehepaar, dessen Eltern schon Pläne von Erfolg und Wohlstand für ihre Kinder gemacht hatten. Aber die jungen Leute entschieden sich, lieber dem Ruf Gottes, als den Erwartungen ihrer Familien zu folgen. Heute sind sie durch die Gnade Gottes Säulen einer lebendigen Gemeinde und leben voll in ihrer Berufung.

Zum persönlichen Weiterdenken ...

? Was bedeutet der Begriff „Gnade" für Dich? Kannst Du damit konkret etwas anfangen?

? Welche Erfahrungen hast Du mit der Gnade Gottes gemacht? In welchen Situationen Deines Lebens war Dir die Gnade besonders nah oder bewusst?

? Welche Beobachtung hast Du beim Betrachten des Lebens von John Newton bzw. des Apostel Paulus machen können? Warum war für diese beiden Männer Gnade so existenziell wichtig? Kennst Du auch Menschen der Gnade? Was haben sie gemeinsam? Was fällt Dir bei ihnen besonders auf?

? In welchen Lebensbereichen fühlst Du Dich schwach? Wo schaffst Du es nicht allein und brauchst die Hilfe Gottes? Mach doch jetzt ein Gebet daraus und sage Deinem Vater im Himmel, was Dir zu groß und zu schwer ist. Öffne Dich für SEIN gnädiges Eingreifen, wie immer es aussehen mag. Es kann sein, dass nicht alle Widerstände sich auflösen. Dann habe den Mut, noch einmal neu nachzuschauen, ob da vielleicht auch ein „Stachel im Fleisch" dabei sein könnte, der Dich demütig bei SEINER Gnade hält.

Kapitel 4

Der Baum des Lebens

Es wäre gut, wenn Du Dir jetzt Zeit nehmen könntest und zunächst aufmerksam **1. Mose 1-3** durchliest, bevor Du mit der Lektüre meines Buches fortfährst ... Wow, was für eine Story, oder?! Wir halten hier das älteste Zeugnis der Menschheitsgeschichte schriftlich in den Händen. Auf Hebräisch heißt das erste Buch Moses schlicht „*Bereschith*" – *im Anfang*. Bei der griechischen Übersetzung des Alten Testaments wurde es dann später „*Genesis*" – *Ursprung/Entstehung* genannt. Wir lesen hier also vom Ursprung des Universums, insbesondere der Menschen.

Ich liebe diese Anfangsberichte, diese **Ur-Geschichten!** Je öfter ich sie lese, darüber nachsinne und sie verstoffwechsle, umso tiefer erreichen sie mein Herz und schließen mir die Dimensionen der himmlischen Geheimnisse auf. Im Theologiestudium versuchte man mir beizubringen, dass sich das Volk Israel in der babylonischen Gefangenschaft mit den Schöpfungsmythologien einer heidnischen Kultur auseinandersetzen musste, und auf diesem Hintergrund ihr eigenes Glaubenszeugnis in den Kategorien der Babylonier neu definierte. Mit anderen Worten: Das alles ist halt nur ein nettes, frommes „Geschichtchen" mit sicherlich theologisch wertvollem Gehalt, aber bitteschön ja nicht wortwörtlich zu verstehen. Oder?!

Wie gehst Du mit diesen Bibeltexten um? Erinnern sie Dich an altvertraute Zeiten im Kindergottesdienst, wo Du mit offenem Mund und staunenden Kinderaugen ehrfurchtsvoll davon hörtest, wie der große Gott die Welt gemacht hat? Oder wirken diese Worte auf Dich eher wie ein märchenhaftes Gleichnis? Wie eine Fabel, in der Schlangen reden können und Gott durch einen Garten spazieren geht?

Hier auf den ersten Seiten der Bibel entscheidet sich bereits, mit welchem Gottesbild, Menschenbild und Weltbild wir das Leben betrachten (und die Bibel lesen)! Wenn Du bisher keinen persönlich-erfahrbaren Gott kennengelernt hast, erscheint die *liberale* Version leichter nachvollziehbar: Es handelt sich hier demnach lediglich um ein archaisch-literarisches Produkt von Menschen auf der Suche nach Erklärungen. Aber wenn Du, so wie ich und Millionen anderer Christen, angefangen hast, den lebendigen Gott als Deinen liebenden Vater und absolut mächtigen Herrn kennenzulernen, wirst Du diesen Ur-Geschichten mit einer anderen Haltung begegnen können – mit **Ur-Vertrauen**.

Die Schöpfungsgeschichten sind (für mich) **Nacherzählungen** von wahren, realen Begebenheiten. Sie sind göttlich geoffenbart und inspiriert, und wurden von Menschen über Generationen hinweg weitererzählt, bis sie schließlich von Moses (und anderen) aufgeschrieben wurden. Insofern stellen sie keine wissenschaftliche Abhandlung über die Erschaffung des Weltalls dar, sondern berichten in menschlichen Worten über die wesentlichen Punkte, die uns bei der Schöpfung interessieren sollten – zumindest nach Gottes Ansicht.

Viele Aussagen sind dabei sehr klar, einfach verständlich und eindeutig (Check mal bitte für Dich, ob Du das auch so glauben kannst ...):

- **Vor allem war immer schon der eine Gott.** Eine allmächtige, liebevolle und kreative Persönlichkeit. ER lebt ewig und steht über Raum und Zeit.
- **Dieser Gott hat in SEINER Schöpferkraft das ganze Universum aus dem Nichts erschaffen.** ER ist Ursprung allen Lebens, der Master-Designer. Hinter allem Erschaffenen stehen SEINE Weisheit und SEIN Geist.
- **Der Mensch wurde als Gottes Gegenüber erschaffen.** Ihm verleiht Gott eine einzigartige Position. Er ist ein Kind, vom Vater geliebt. Der Mensch ist über alle Schöpfung erhoben, ausgestattet mit einem freien Willen zur Entscheidung und mit der Fähigkeit, eine Liebesbeziehung zu seinem Schöpfer-Vater einzugehen.
- **Die Existenz des Bösen wird zur Kenntnis genommen.** Man braucht anscheinend keine darüber hinaus gehende Information. Der Böse ist da, mischt sich ein, schafft Chaos, zerstört, verbreitet Lüge und Misstrauen – und bekämpft so das, was Gott liebt.
- **Durch Misstrauen wird die Beziehung des Menschen zu seinem Schöpfer und Vater-Gott zerstört.** Dieser „Sündenfall" verändert alles. Der Mensch

wird Gott-los, Vater-los ... auf sich selbst zurückgeworfen. Er verliert das Paradies der unmittelbaren Nähe und Freundschaft zu Gott.

- **Sünde heißt Zielverfehlung und ist die angestrebte Unabhängigkeit von Gott.** Ursprünglich wurde der Mensch als Gegenüber der Liebe Gottes geschaffen. Ohne diese Liebe Gottes kann er jedoch nicht leben und wird unweigerlich sterben.
- **Aber weil der mächtige Gott immer das erste und das letzte Wort hat, verspricht ER einen Rettungsplan für SEINE geliebten Menschenkinder.** ER schenkt ihnen eine neue Chance, zu SEINER Liebe umzukehren. DER Sohn wird kommen, den Bösen endgültig besiegen und so den Weg für sie bereiten, um wieder nach Hause zu kommen.

Mich erinnert das alles an **Lukas 15**, eine andere **Liebesgeschichte Gottes**, die Jesus uns einmal erzählt hat. Darin ist dem Vater auch ein Kind weggelaufen und er hat ihm die Tür zum Vaterhaus SEINER Liebe neu geöffnet. **Das ist die Ur-Geschichte der Liebe Gottes mit SEINEN Menschenkindern!**

Andere Aussagen aus den Anfangsberichten in 1. Mose 1-3 werfen **Fragen** auf und bleiben rätselhaft verborgen. Bibelausleger kommen zu sehr unterschiedlichen Ergebnissen und Interpretationen. Ich will hier der Vollständigkeit halber ein paar der wichtigsten Fragen anführen, ohne mich an den möglichen spekulativen Antworten zu beteiligen:

- Warum war die Welt am Anfang *„Tohuwabohu" – wüst und leer*? Ist das ein Hinweis auf einen möglichen ersten Fall Satans vor der Schöpfung dieser Welt?
- Was ist mit den *sieben Schöpfungstagen* gemeint? Tatsächlich 7 x 24 Stundeneinheiten oder unterschiedliche Schöpfungsperioden?
- Ist die Redewendung *„lasst uns Menschen machen ..."* ein Beleg für die Trinität Gottes, die schon bei der Schöpfung sichtbar wurde?
- Was bedeutet es, dass die Menschen am selben Tag wie die Säugetiere geschaffen wurden? Bietet das Raum für Gedanken von *gelenkter Evolution*?
- Weist Gott menschliche Züge in SEINEM Wesen auf? Gehören maskuline und feminine Spezifika zu IHM?
- Wo lag der *Garten Eden*? Etwa in der heutigen Region Iran/Irak?

- Gab es diese *zwei besonderen Bäume* im Garten tatsächlich – und wie hat man sich das vorzustellen?
- Konnte die Schlange nur sprechen, weil der Teufel sie zum Medium erwählte? Oder konnten Menschen und Tiere damals noch miteinander kommunizieren?

Doch es bleiben, Gott sei Dank, nicht nur Fragen übrig! Ich habe beim Nachsinnen über diese Bibeltexte so manche erstaunliche **Entdeckung** für mich machen dürfen:

- **Gott schuf den Menschen nach (in) SEINEM Bild.**
  Mit anderen Worten, der Mensch spiegelt etwas wider von Gottes Art und Wesen. Das Geheimnis SEINER Drei-Einheit (Vater-Sohn-Geist) lässt sich wiederfinden in dem Geheimnis unserer Drei-Einheit (Leib, Seele, Geist); ebenso Charakter, Sinneswahrnehmung, Kommunikation und die Facetten von Männlichem und Weiblichem. Der Mensch ist damit noch lange kein Gott – aber unser Gott ist menschlicher, als viele denken. Und wir haben mehr Göttliches in unserer Person, als die Sünde oftmals durchscheinen lässt.

  Zudem weist das hebräische Wort „zäläm" – *Ebenbild/Standbild* noch auf einen weiteren Aspekt hin: So wie Herrscher damals ihr Territorium durch Standbilder/Denkmäler markierten, ist der Mensch ein dauerhafter Repräsentant Gottes inmitten der ganzen Schöpfung. Denk-mal-über-Gottes- Liebe-nach!

- **Es bedurfte einer anderen Art von Schöpfungsakt, um den Menschen zu kreieren.**
  Bei der Schöpfung rief Gott alles durch SEIN gebietendes Allmachtswort ins Leben. Nur bei der Erschaffung des Menschen legte ER selbst Hand an. Wir sind Handarbeit, geformt aus der Substanz der Erde. Chemisch ist diese Aussage völlig korrekt. Und dann blies ER uns SEINEN „Ruach" – *Lebensatem* ein. SEIN Geist belebt uns. Das macht den Menschen zur Krone der Schöpfung. Wir stehen daher über allen Geschöpfen dieser Welt und der Himmelswelten.

■ **Die Frau wurde aus der Seite des Mannes geformt.**

Auch die Frau entsteht durch die Hand Gottes und einen speziellen Eingriff. Der Vater lässt einen tiefen Schlaf auf Adam kommen. Dann öffnet ER die Seite SEINES Sohnes und formt aus dem Teil, der nahe an Adams Herzen liegt, ein Gegenüber. Eva ist nicht *Adams Rippchen*, sondern *Adams Herzblatt!* Das hört sich doch schon viel besser an! Ich weise auf den tiefen prophetisch-allegorischen Bezug hin, der dahinter steht: Abertausende Jahre später wird der Vater wieder SEINEN Sohn, den neuen Adam, Jesus, in einen tiefen Schlaf (des Todes) legen. Die Herz-Seite des Sohnes wird geöffnet. Und auch daraus kommt eine Braut hervor: die Gemeinde Jesu, geboren durch die Passion am Kreuz!

■ **Der Mensch ist Partner/Liebhaber/Gegenüber Gottes.**

Alles Lebende, das der Vater erschafft, ist in der Regel paarweise anzutreffen und pflanzt sich fort durch die Ergänzung der Unterschiedlichkeit eines Partners. Es ist Gottes tiefe Überzeugung: Alleinsein ist nicht gut! Geteilte Liebe multipliziert Leben. Deshalb schafft Gott auch für Adam ein passendes Gegenüber. Tiere und Pflanzen können die Leere im Menschen nicht ausfüllen. Dahinter steht der Gedanke: Wir entsprechen Gott, wir spiegeln IHN wider. Mit anderen Worten – unser Gott sehnt sich auch nach einem passenden Gegenüber. Das sind wir Menschenkinder!

■ **Der Vater legt einen Garten an.**

Kennst Du den Unterschied zwischen Dschungel und Garten? Du musst nur lange genug warten und nichts machen, dann verwandelt sich jeder Garten in einen Dschungel! Ein Garten bedeutet eine Menge Einsatz und Arbeit. Er ereignet sich nicht einfach so. Vielmehr will er durchdacht, gepflegt und betreut sein. Unser Vater hat SEINEN Menschenkindern kein *Dschungelcamp* angeboten, sondern ein Stück Zuhause. Einen Gartenpark SEINER Liebe. Himmel auf Erden. Paradiesisch!

■ **Adam und Eva sind wirklich die Kinder Gottes.**

In Lukas 3 finden wir den Stammbaum Jesu. Wir können genau verfolgen, wer wessen Sohn bzw. Vater gewesen ist. Eine lange Reihe von Menschen bis hin zu Adam. Und der kam direkt von Gott. Also ist Gott ursprünglich SEIN Papa! Und damit stammen wir alle genetisch-heilsgeschichtlich direkt von Gott ab. Die ganze Menschheit! So sind wir quasi alle miteinander verwandt. Auf den ersten Blick ein befremdlicher Gedanke. Aber beim näheren Betrachten doch sehr heilsam. Hätte es nicht die Sünde gegeben und damit die Begrenzung des Todes, dann würden alle Menschen, die jemals auf der Erde gelebt haben, immer noch leben. Wir würden den gigantischen Familienstammbaum mit allen Verästelungen sehen und entdecken: Wir sind eine Familie – bei aller Unterschiedlichkeit!

■ **Unser Körper war nie für den Tod bestimmt.**

Der Tod passt einfach nicht in Gottes Welt! Unser Vater ist ewig und auch wir sollten ewig leben. Unser Körper ist nie dafür geschaffen worden, krank zu werden oder qualvoll zu sterben. Unsere Seele ist nicht auf die Welt gekommen, um sich Sorgen zu machen oder traumatische Ängste durchzustehen. Deshalb wurde auch der menschliche Geist verdunkelt und erstarb in ihnen. Das Leben in der gefallenen Welt ist eine absolute Katastrophe. Der blanke Horror für Menschen, deren Herzen beim Vater im Himmel zu Hause sein sollten. So fragten sich Eva und Adam: *Was ist Sterben?*, denn sie hatten bis dahin kein Konzept von Zerstörung und Tod.

■ **Die Nacktheit der Menschen war ein Zeichen ihrer kindlichen Unschuld.**

Die ersten Menschen lebten nackt, rein und unschuldig im Paradies – wie kleine Kinder. Sie aßen und tranken aus den Quellen ihres himmlischen Vaters und waren bekleidet mit SEINER Herrlichkeit (vgl. Römer 1,23). Ihre äußere Blöße war ein Ausdruck ihrer inneren Transparenz. Sie hatten nichts zu verbergen. Erst nach dem Sündenfall tragen die Menschen Masken (Feigenblätter) und verstecken sich vor dem Angesicht Gottes.

■ **Die Menschenkinder lernen am siebten Tag die Gemeinschaft mit dem Vater kennen.**

Nach der Erschaffung des Menschen folgte der siebte Schöpfungstag, an dem Gott von allen SEINEN Werken ruhte. Sabbat! So lernten die Kinder von Anbeginn den Vater als jemanden kennen, der für sie Zeit hat, mit ihnen das Leben spielerisch entdeckt, das Gute genießen kann und Freude am Feiern hat. Mit Abba in der Kühle des Tages spazieren zu gehen ist keineswegs eine allzu-menschlich-poetische Redeweise über Gott, sondern Ausdruck der täglich realen Nähe zu ihrem Schöpfer-Vater. Die Gemeinschaft mit Jahwe kommt vor aller Arbeit!

■ **Schlangen im Paradies**

Ist das nicht fies?! – Es gibt tatsächlich Schlangen im Paradies! Das hebräische Wort für Schlange hält eine weitere Überraschung parat. Es leitet sich ab von „*die Schimmernde/Kupferne*". Die Schlange sah also besonders schön aus. Kein hässliches Reptil, vor dem man angewidert weglaufen würde. Der Feind kommt zunächst beeindruckend verführerisch daher. Verführung durch die Strahlkraft von Stärke, Schönheit, Intelligenz. Geld, Sex, Macht. Der Teufel ist keine Witzfigur mit Hörnern, sondern eine höchst beeindruckende Gestalt, die uns in ihren Bann ziehen will.

- **Adam und Eva hatten beide gleichermaßen Anteil am Sündenfall.**
Oft wird die Frau fälschlicherweise verdächtigt, den Mann zur Sünde verführt zu haben, als wäre er lediglich mit hineingezogen worden. Auch wenn Eva zuerst von der verbotenen Frucht aß, waren doch Mann und Frau gleichermaßen am Sündenfall beteiligt. Eva war nur mutiger und schneller, und durch ihren Hunger nach Weisheit fehlgeleitet. Adam machte hingegen anfangs mit, wurde dann aber selbst zum Akteur, als es darum ging, die Schuld zu vertuschen bzw. durch das Anklagen Evas von sich selbst abzulenken.

- **Sünde ist zuallererst Misstrauen gegen den Vater.**
Das Wort „Sünde" bedeutet im Ursprung „*Zielverfehlung*". Das Ziel, für das die Menschen geschaffen wurden, ist die liebevolle Beziehung zu ihrem Gott. Alles, was dieser Vertrauensbeziehung im Wege steht, ist Sünde und hat das Ziel verfehlt. Adam und Eva misstrauten den Worten ihres Vaters. Sie schenkten den Lügen und Zweifeln mehr Gehör und machten so Raum in ihren Herzen für verkehrte Lust und Begierde. Dies führte zur Rebellion gegen Gott und damit zu den falschen Taten. Aber alles begann mit Misstrauen in ihren Herzen. Sie hätten den Worten des Feindes nicht glauben müssen. Anscheinend kannten sie den Vater noch nicht gut genug, um in SEINEN Worten zu ruhen und SEINER Liebe völlig zu vertrauen.

- **Die Vertreibung aus dem Paradies ist ein Ausdruck der Liebe des Vaters.**
Selbst das massive Eingreifen Gottes bei der Verbannung der Menschenkinder aus dem Garten ist noch ein Zeichen SEINER Gnade und Güte. Alle SEINE Gerichte haben das Ziel der liebenden Wiederherstellung. Hätten die Menschen nach dem Sündenfall nun auch noch vom Baum des Lebens gegessen, wären sie ewig verloren gewesen. Das musste der Vater verhindern. Deshalb verbannte ER sie schweren Herzens aus SEINER Nähe. Wer kann ermessen, wie sehr dieser Schritt IHN geschmerzt haben

muss!? Stand der Engel mit flammendem Schwert nur da, um die Menschen vom Baum des Lebens fernzuhalten oder auch, um einen liebenden Vater notfalls aufzuhalten, SEINEN trotzigen Kindern hinterher zu laufen?

■ **Gott bekleidet SEINE Kinder mit Fell.**

Bis zum Sündenfall gab es keinen Tod auf diesem Planeten. Alles Leben war auf Unvergänglichkeit angelegt. Nun kam die Macht der Sünde zerstörerisch dazwischen. Um dem Tod ein Ende zu setzen, musste der Vater selbst das erste Blut vergießen. Blut steht für Leben. Auge um Auge, Leben um Leben – das ist gerecht. Blut muss fließen für Versöhnung. Billiger geht es nicht. Aber der Vater will nicht den Tod der Menschen – das ist gnädig! Stattdessen zieht ER einem anderen Geschöpf das Fell über die Ohren. Wir wissen nicht genau, um welches Tier es sich damals handelte. Aber Vermutungen legen nahe, dass es ein *Lamm* gewesen sein muss. Denn Tausende Jahre später wird derselbe Vater das kostbare Blut SEINES einzigartigen Sohnes, Jesus Christus, das Blut des Lamm Gottes opfern, um damit einer ganzen Menschheit den Weg nach Hause zu eröffnen. Prophetisch-allegorisch weist der Vater bereits jetzt schon darauf hin, dass ein *„Nachkomme der Frau"* in ferner Zukunft geboren werden wird, der den Kopf der Schlange zertritt. Im Kopf einer Schlange ist all ihr Gift enthalten. Der Sohn wird alles Gift von Sünde, Tod und Teufel stellvertretend in sich aufnehmen – damit wir leben können, ewig leben mit dem Vater!

Beim Studium des hebräischen Textes fällt auf, dass hier ein besonderes Wort für *„bekleiden"* verwendet wurde. Es meint das Ankleiden von kleinen Kindern. Die schaffen das nicht allein! Sie brauchen Hilfe! Mit anderen Worten, bevor der Vater SEINE Kinder in die Dunkelheit einer sündigen Welt mit Tausenden Jahren von eigenverschuldeter Not entlässt, bekleidet ER sie noch mit Fell, wie ein liebevoller Daddy seine kleinen Kinder anzieht. Was für ein Zeichen SEINER Versorgung, Liebe und Vorsehung! Was für ein Hinweis auf SEINE Bereitschaft zur Vergebung und einen Neuanfang!

■ **Die zwei Bäume führen zu einer Entscheidung.**

Mitten in den Garten hatte der Vater zwei besondere Bäume gepflanzt. Wie haben wir uns das vorzustellen? Ich glaube, es waren reale Bäume mit Blättern und Früchten! Und doch waren sie weitaus mehr als grüne

Pflanzen. Zukünftig würde es das immer wieder geben: ein Linsengericht, einen Kuss, Brot und Wein ... real existierende Dinge dieser Welt werden verbunden mit der geistlichen Realität des Himmels. **Schnittstelle zweier Wirklichkeiten.** So auch hier. Diese beiden Bäume bekommen durch die Autorität Gottes eine neue Bedeutung. Sie stehen für eine Entscheidung, die die Menschheit zu treffen hat. Für eine Wahl! Was werden die Menschen wählen?

Den *Baum der Erkenntnis*: Selbst wissen, was gut und was böse ist. Sein wie Gott – unabhängig und in der Lage, allein zu entscheiden. Die eigenen Wege gehen???

Den *Baum des Lebens*: Leben in der ständigen Bindung an den Vater, der das Leben gibt. Kindliches Vertrauen. IHN nötig haben. Es allein nicht schaffen können und auch nicht müssen???

Die zwei Bäume sprechen vom Wesen der Agape-Liebe Gottes. Diese Liebe ist freiwillig, muss erwählt werden; sie bedarf einer eindeutigen, klaren Entscheidung. Ein Entweder-oder! Die Entscheidung lautet: Entweder kindliches Vertrauen oder Selbstbestimmung (und damit Gott-losigkeit, und folglich Vater-losigkeit).

So steht der Baum des Lebens als Inbegriff für kindliches Vertrauen in Gottes Allmacht! Er wird zum Synonym für das Leben des Sohnes Gottes. Jesus ist der wahre Baum des Lebens in Person.

Jesus hatte keine eigene Weisheit und Kraft in sich selbst. ER verzichtete auf eigene Rettung und Selbstbestimmung. ER lebte völlig abhängig vom Vater und pries diesen Zustand als wahres Lebensglück. ER konnte nur die Worte sprechen, die ER zuvor vom Vater gehört hatte. ER konnte nur die Werke tun, die ER zuvor den Vater hatte tun sehen. ER besaß nichts, was IHM nicht zuvor vom Vater gegeben worden war. Jesus lebte in vollkommener Einheit mit dem Wesen und Willen SEINES himmlischen Abbas.

Beim Bibelstudium stoßen wir auf einen weiteren höchst interessanten Aspekt. Die **Weisheit Gottes** (Griechisch „*sofia*", Hebräisch „*hotzmah*" – beide Worte sind feminin) wird mit dem Baum des Lebens in Verbindung gesetzt:

„*Sie* [die Weisheit Gottes] *ist der **Baum des Lebens** (...)*"
(Sprüche 3,18).

„(...) da war ich [die Weisheit spricht über sich selbst] *Liebling* [Schoßkind (ELB)] *bei ihm* [Gott-Vater], *war Tag für Tag seine Wonne und freute mich vor seinem Angesicht allezeit. Ich freute mich auf seinem Erdkreis und hatte meine Wonne an den Menschenkindern. (...) wer mich findet, der findet das **Leben** (...)"*

(Sprüche 8,30-31;35).

*„Die Frucht des Gerechten ist ein **Baum des Lebens**"*

(Sprüche 11,30).

*„(...) ein erfüllter Wunsch aber ist ein **Baum des Lebens**"*

(Sprüche 13,12).

<u>*„Eine heilsame Zunge ist ein **Baum des Lebens**"*</u>   (Sprüche 15,4).

„Wer überwindet, dem will ich [Jesus] *zu essen geben von dem **Baum des Lebens**, der in der Mitte des Paradieses Gottes ist"*

(Offenbarung 2,7).

„(...) [im himmlischen neuen Jerusalem steht] *der **Baum des Lebens**, der zwölfmal Früchte trägt und jeden Monat seine Frucht gibt, jeweils eine; und die Blätter des Baumes dienen zur Heilung der Völker"*   (Offenbarung 22,2).

„(...) glückselig sind, die seine [Gottes] *Gebote tun, damit sie Anrecht haben an dem **Baum des Lebens** und durch die Tore in die Stadt* [im Himmel] *eingehen können"*   (Offenbarung 22,14).

<u>Der Mensch, der sich</u> **vom Baum des Lebens ernährt,** <u>ist angeschlossen an</u> <u>die Weisheit Gottes, die weitaus höher ist als alle Vernunft und Erkenntnis von</u> <u>klugen Menschen.</u> Wer sich also kindlich-vertrauensvoll von Gott abhängig macht, verzichtet zwar auf eigene Lösungen und Vernünfteleien, steht aber letzten Endes nicht dumm und schwächlich da, sondern tief gegründet und verwurzelt in Gottes Liebe und übernatürliche Möglichkeiten. **Wir brauchen nicht nur Lösungen – sondern einen Erlöser! Statt (eigenen)** Lösungen erwählen Kinder Gottes ihren Erlöser!

Zum persönlichen Weiterdenken ...

? Welche Aspekte aus den Ur-Geschichten wurden Dir beim Lesen und Studieren neu aufgeschlossen? Welche Entdeckungen hast Du dabei gemacht? Wo solltest Du Dein Bild von Gott revidieren?

? Wenn das Wesen der Sünde Misstrauen ist, wo bist Du dann besonders gefährdet? In welchen Bereichen fällt es Dir echt schwer, Gott Dein kindliches Vertrauen entgegen zu bringen?

? Nimm Dir Zeit und etwas zum Schreiben: Vergegenwärtige Dir die beiden Bäume im Garten. Wofür stehen sie in Deinem Lebenskontext? Wo läufst Du Gefahr, durch eigene Kraftanstrengung und Klugheit Deinen eigenen Weg gehen zu wollen? Und wo isst Du vom Baum des Lebens, bist Du also dabei, Vertrauen zu lernen?

Kapitel 5

Halleluja – es ist vollbracht!

Gottes Rettungsaktion auf **Golgatha** ist der stärkste Ausdruck SEINER Agape-Liebe für die Menschheit. So sehr hat Gott, der Vater, die Welt geliebt! Schaut nur SEINEN Sohn an, seht hin zum Gekreuzigten! Dort werdet ihr die ultimative Liebe finden! **Deshalb ist das Kreuz Jesu das Symbol für den vollkommenen Sieg der Liebe über alle Macht des Todes.** Was anfangs wie eine schreckliche Niederlage aussieht, entpuppt sich als grandioser Triumph. Jesus besiegt die Finsternis, indem ER Opfer wird. ER geht selbst in den Rachen des Todes und besiegt so die Höllenmächte von innen heraus. Selbst in Gottes neuer Welt wird Christus an SEINEN Wundmalen als Sieger erkannt. ER tritt dort auf, wie *„ein Lamm, das geschlachtet wurde"* (Offenbarung 5,6). Unser auferstandener Herr trägt immer noch die Zeichen SEINER Leiden, SEINER Passion, als Ehrenzeichen SEINER Liebe für uns (vgl. Johannes 20,27).

Die letzten Worte, die Jesus am Kreuz ruft – *„Es ist vollbracht!"* (Johannes 19,30) –, und die Worte, die wir im Himmel von IHM hören – *„Es ist geschehen!"* (Offenbarung 21,6) –, decken sich vollkommen! Alles ist in Erfüllung gegangen! Gottes perfekter Heilsplan hat in allen Punkten sein Ziel erreicht. **Halleluja – es ist vollbracht!**

Wenn wir von der Liebe Gottes reden, kommen wir am Kreuz nicht vorbei! Der Tod Jesu am Fluch-Holz ist und bleibt ein Skandal! Ein Ärgernis für religiöse Geister und aufgeklärte, intellektuelle Hybris! So war es schon immer und so wird es auch immer bleiben! Das Kreuz Jesu ist der feste Fixpunkt der Geschichte, die Mitte im Koordinatensystem unseres Glaubens!

Meine Beobachtung ist, dass vielen Christen heutzutage ein **Zugang zu dem tieferen Verständnis**, was dort vor 2.000 Jahren auf dem Hügel vor den

Toren Jerusalems geschehen ist, fehlt. Sie fragen sich: Warum nur musste Jesus, der Sohn Gottes, so entsetzlich leiden und diesen furchtbaren Tod sterben? Passt das überhaupt zu dem Gottesbild eines liebenden Vaters? Ist das nicht vielmehr das alte Bild von einem rachsüchtigen Gott, der in SEINEM Zorn nach der Bestrafung eines Schuldigen sucht? Wie kann ein Vater seinen geliebten Sohn so grausam opfern, um damit andere freizukaufen? Ist das nicht wieder das alte Leistungsdenken? Oder wird Abba-Vater am Ende nicht doch alle Menschen begnadigen? Wie würde das sonst zusammenpassen, die Vorstellung von ewiger Liebe im Himmel und ewigen Qualen in der Hölle?

Wer diese Fragen konsequent zu Ende denkt, kann schnell bei der **Irrlehre der Allversöhnung** landen. Abgekürzt würde das bedeuten: *Weil Gott ein Gott der Liebe ist, wird ER am Ende der Zeit alle Menschen, ohne Ausnahme, zu SICH ziehen, mit SICH versöhnen (daher der Name „Allversöhnung"). Dabei werden die Gottlosen und Sünder durch eine Umerziehungsmaßnahme gehen müssen – eine oder mehrere Ewigkeiten –, das wird dann quasi die Hölle sein. Aber am Schluss siegt die Liebe auch über sie ...???*

Solche Lehren gab es immer wieder im Laufe der Kirchengeschichte und sie sind auch heute noch sehr populär. Unter allen Häresien wäre mir diese Irrlehre auch die sympathischste! Denn die Vorstellung, dass Menschen, die ich von Herzen liebe, unaufhörlich von Gottes Liebe getrennt existieren müssen, ist wirklich sehr beunruhigend. Deshalb mag ich auch gar nicht die dogmatische Keule herausholen und gegen Allversöhner wettern. Doch meine Sympathie für Menschen, die es bestimmt gut meinen, macht eine (in meinen Augen) falsche Lehre noch lange nicht zur Wahrheit!

Ja, es existiert eine enorme Spannung im Universum, die wir menschlich kaum aushalten können! **Die Spannung liegt in Gottes absoluter Heiligkeit und Gerechtigkeit einerseits und Gottes absoluter Liebe und Gnade andererseits.**

Unser Gott und Vater ist **göttlicher, als wir denken**! Der Allmächtige ist heilig – ohne Fehler und absolut rein, unteilbar und ganz ER selbst. Auch wir Menschenkinder waren ursprünglich heilig, nach SEINEM Bild geschaffen. Wir waren auch ganz und unteilbar. Doch durch unser Misstrauen fielen wir aus SEINER Nähe. Der Sünden-Fall! Fortan passten die Menschen nicht mehr zu ihrem himmlischen Vater. Sie hatten sich eine andere Vaterfigur erwählt – den Durcheinanderbringer, den Teufel, den *„Vater der Lüge"* (Johannes 8,44)!

Uns fehlt das Verständnis dafür, wie abgrundtief die Macht der Sünde sein muss. Wie hoffnungslos böse das Böse ist. Die Schuld des Menschen, sein Misstrauen, sein Pakt mit Satan – sie bringen die ganze Schöpfung an den Rand der Zerstörung. Alles Lebende wurde von dem tödlichen Keim der Sünde infiziert. Gott hasst die Sünde, denn sie zerstört das, was ER liebt! Und niemand konnte helfen! Deshalb musste ER selbst kommen und eingreifen, um diese Bedrohung auszulöschen.

Unser Gott und Vater ist so viel **menschlicher, als wir denken!** ER liebt den Sünder! ER liebt die verlorenen Söhne und Töchter! ER liebt SEINE Kinder – mehr als ein irdischer Vater es kann! In SEINER grenzenlosen Güte, Gnade und Liebe erbarmt ER SICH, wird kleiner und kleiner. ER wird Mensch in Jesus Christus. Einer von uns. Tritt an unsere Stelle. ER nimmt stellvertretend alle Folgen der Sünde auf SICH: Finsternis, Krankheiten, Schmerzen, Leiden – und selbst den physischen Tod.

Dort am Kreuz von Golgatha hängt Jesus, der vielgeliebte Sohn Gottes, das Vaterherz Gottes in Person. Dort am Kreuz durchkreuzt der Allmächtige die Rebellion und das Misstrauen SEINER Menschenkinder. Dort am Kreuz wird aus dem Minus ein Plus gemacht. Dort am Kreuz versöhnt DER Sohn die Kinder mit dem Vater. Dort am Kreuz wird Friede geschaffen zwischen den berechtigten Ansprüchen der gerechten Heiligkeit unseres Vaters und der gnädigen Retterliebe unseres Abbas. Dort am Kreuz tobt der Kampf zwischen Licht und Finsternis, zwischen Leben und Tod, zwischen Himmel und Hölle, zwischen Gott und Teufel.

Wir brauchen wirklich einen neuen Zugang zu dem, was dort geschah, denn viel zu lange folgten Christen einem **verzerrten Bild.** Sie glaubten fälschlicherweise: *Gott, der Vater, ist beleidigt worden durch die Sünde der Menschen. SEINE Ehre und Gerechtigkeit wurden verletzt. Deshalb fordert der Heilige im Zorn als Richter die Bestrafung der Schuldigen. Jesus, SEIN Sohn, bietet an, stellvertretend die Strafe auf SICH zu nehmen, obwohl ER gar keine Schuld daran trägt. Der große Bruder hält quasi den Rücken hin, damit die kleinen Geschwister, die es eigentlich ausgefressen haben, nicht bestraft werden. Dem Vater ist anscheinend egal, wen ER schlägt. Hauptsache, SEINER Gerechtigkeit ist Genüge geleistet worden.*

Solch eine verdrehte Wahrnehmung hat allzu oft dazu geführt, dass sich viele Christen **vor dem strengen Vater-Gott fürchten**, beziehungsweise nicht viel mit dem Wort „Vater" anfangen können. *Jesus hingegen ist anders. ER ist der Freund und gute Hirte! Schließlich bewahrt ER uns vor dem Zorn des Vaters!* – Was für ein völlig verdrehtes Denken?!

Was auf Golgatha geschah, geschah zuerst für uns!

So sehr hat Gott die Welt geliebt! Die Bibel sagt: *„Der Vater selbst hat euch lieb"* (Johannes 16,28). Der dreieinige Gott liebt SEINE Kinder und ist entschlossen, sie vor dem tödlichen Keim der Sünde zu retten. SEIN Rettungsplan ist einzigartig und kostet IHN selbst alles! Der Vater reißt SICH SEIN Innerstes, SEIN Herz heraus – das ist Jesus – und legt es in diese von Sünde kontaminierte Welt. Wie es Wayne Jacobsen in seinem genialen Buch „Geliebt"[1] so eindrücklich beschreibt: Der Tod Jesu am Kreuz ist nicht zuerst da, um die Ehre des Vaters wiederherzustellen, sondern wir, die todkranken Kinder, brauchen vor allem die Erlösung durch das Blut Jesu, um nicht an den Folgen der Sünde zu sterben.

Wir können ein bisschen erahnen, wie schlimm die Macht der Sünde sein muss, wenn es selbst für unseren allmächtigen Vater keinen anderen Ausweg gab, als SEINEN geliebten Sohn Jesus so schrecklich und qualvoll leiden zu lassen, um den Preis der Sünde zu bezahlen. Deshalb führt kein Weg der Erlösung am Kreuz vorbei! **Kein Mensch, der heute lebt, je gelebt hat oder jemals leben wird, kann ohne das Kreuz gerettet werden – oder verloren gehen! Das Kreuz Jesu macht den Unterschied für alle Zeit!** Hier entscheidet sich alles! Hier entscheidet sich ewiges Leben mit dem Vater – das ist der Himmel –, oder ewiges Bleiben im Tod der Sünde – das ist die Hölle! Am Kreuz Jesu kommt keiner vorbei!

Was fängst Du mit dem Kreuz an?

Was bedeutet das Kreuz für Dich? Dass Gott in SEINER Liebe zum Äußersten bereit war? **Das Kreuz ruft immer zu einer Entscheidung auf!** Da kann keiner

---

1 Wayne Jacobsen: Geliebt. Tag für Tag in der Zuneigung unseres himmlischen Vaters leben, GloryWorld-Medien, Bruchsal 2008.

neutral bleiben! *„Wer den Sohn hat, der hat das Leben und wer den Sohn Gottes nicht hat, der hat das Leben nicht"* (1. Johannes 5,12).

Halleluja, es ist vollbracht! Gott selbst hat den Weg freigemacht! Der Preis für unsere Schuld ist bezahlt – nicht mit Gold und Silber, sondern mit dem Blut und Leben Jesu. Das sind wir IHM wert! Das Kreuz ist leer, das Grab ist leer! Jesus Christus lebt und ist auferstanden! ER wurde am dritten Tag vom Vater aus dem Totenreich auferweckt. Zuvor hat ER dort „evangelisiert", das heißt allen Menschen, die vor IHM lebten, *das Evangelium/die Gute Nachricht* von dem Rettungsplan des Himmels erzählt – mit der Möglichkeit, sich IHM anzuschließen für das neue unzerstörbare ewige Leben beim Vater (vgl. 1. Petrus 3,18-19)!

Wir mögen bei Weitem nicht alle Zusammenhänge verstehen, wenn es ums ewige Leben geht – aber eines müsste klar sei: **Unser liebender Vater gibt jedem SEINER Kinder die Möglichkeit, das Geschenk SEINER Rettung anzunehmen.** Wie? Wie oft? Und unter welchen Umständen? Das ist für uns ein Geheimnis. Es bleibt aber eine freiwillige Entscheidung – auch mit dem Risiko (für beide Seiten), dass dieses Gnadenangebot abgelehnt werden kann! **Liebe ist immer freiwillig und lebt vom Ja-Wort!** Mit anderen Worten, es beinhaltet auch die Möglichkeit, Nein zu sagen.

Wir alle leben von diesem Wunder! Unser Vater hat in Jesus alles wieder gut gemacht, was unsere Schuld an Chaos und Zerstörung gebracht hat. Kein Mensch kann sich diese Erlösung verdienen! Kein Mensch braucht sie sich zu erarbeiten! **Unsere Rettung durch Jesus ist ein Gnadengeschenk des Himmels, das kindlich im Glauben entgegen genommen werden will!**

Zum persönlichen Weiterdenken ...

? *„Es ist vollbracht!" – Wie wirken die letzten Worte Jesu am Kreuz auf Dich? Ich schlage Dir vor, dass Du jetzt auf ein Blatt Papier diesen Satz schreibst und darunter stichwortartig all die offenen Baustellen Deines momentanen Lebens skizzierst. Was macht das mit Dir?*

? *Wie gehst Du mit der Spannung zwischen Gottes Heiligkeit und Gottes Liebe um? Was verstehst Du unter dem Zorn Gottes? Welche Offenbarung hast Du bisher vom Kreuz Jesu? Könntest Du jemand in wenigen Sätzen erläutern, warum Jesus sterben musste?*

? *Kannst Du gut Geschenke bekommen, Dich beschenken lassen? Wie geht es Dir dabei? Kannst Du das genießen? Oder fühlst Du Dich dabei unwohl und gerätst leicht unter Druck? Denkst Du „Geschenke verpflichten doch!", und machst gleich eine Gegenrechnung auf –„Was muss ich jetzt zurück schenken?!"? Könnte sich dieses Verhalten positiv oder auch negativ darauf auswirken, wie Du im Glauben Gottes Geschenke empfängst?*

Kapitel 6

„Alleine machen!"

Ein bekanntes Zitat des alten Glaubensvaters Hermann Bezzel lautet:

> **„Frömmigkeit ist der Entschluss,**
> **die Abhängigkeit von Gott als Glück zu bezeichnen!"**

Der nach Autonomie strebende Mensch wird solch einen Satz nicht ertragen können oder als Rückfall ins finstere Mittelalter betrachten müssen. In unserer modernen Zeit zählen andere Werte und Maßstäbe, wie etwa Emanzipation, Gleichstellung, Selbstständigkeit – aber doch nicht *Abhängigkeit! Das geht gar nicht! Das führt in die falsche Richtung*, schreit die empörte Seele auf!

Wir versuchen, unseren Kleinen im Kindergarten schon so früh wie möglich beizubringen, dass sie **ohne fremde Hilfe Vieles allein schaffen**. Tatsächlich entspricht das auch dem Wunsch der Kinder. Sind nicht oftmals ihre ersten Worte: *„´leine machen! Will das alleine machen!"*? Eigentlich kann man doch nichts gegen solche wertvollen pädagogische Ziele einwenden. **Hilfe zur Selbsthilfe** nennen wir das vollmundig. Und so geht es dann ein Leben lang weiter ... in der Schule, in der Ausbildung, im Erwachsenenalter, in der Familie, im Beruf, in der Gesellschaft ... *Nach dem Motto: „Hilf dir selbst, dann hilft dir Gott!"*, bis der Mensch alt und pflegebedürftig wird. Und selbst dann noch sagt der gebrechlich-demente Senior zum Pfleger: *„Alleine machen!"*

Könnte es wirklich sein, dass bei einem aufgeklärtem Weltbild und bei allen guten Ansätzen zu mehr Eigenverantwortlichkeit etwas ganz Entscheidendes auf der Strecke zu bleiben droht? Nämlich **die Notwendigkeit, dass der Mensch Hilfe braucht?!** Mitmenschlichkeit und „Frömmigkeit", wie Hermann Bezzel es ausdrückt!

Mit-Menschlichkeit bedeutet, wir brauchen andere Menschen, damit unser Leben gelingt. Nur im Mit-einander schaffen wir es gemeinsam. Und hinter dem alten Begriff *Frömmigkeit* verbergen sich Worte wie „Treue und Redlichkeit". Der Mensch braucht eine Gottesbeziehung, die auf Zuverlässigkeit und Wahrhaftigkeit beruht. Gott und Mensch müssen sich aufeinander verlassen können, einander vertrauen. Beide Male geht es um **Verbindlichkeit!** Es ist also kein Zeichen von Schwäche oder etwas, wofür man sich schämen müsste, wenn wir andere brauchen, uns verbinden und vernetzen! Die meisten Menschen in unserer heutigen Gesellschaft haben aus den Augen verloren, wofür wir Ehe, Familie, Nachbarn, Freunde, Vereine, Parteien, Verbände, die Kirchen – und vor allem Gott – brauchen!

Wir schaffen es nicht allein! Wir brauchen es auch nicht irgendwie allein hinzubekommen! **Es ist absolut normal, dass der Mensch Hilfe von anderen braucht, um leben zu können.** Die Bibel sagt, es ist nicht gut, dass der Mensch allein ist – der Mensch wurde für die Gemeinschaft geschaffen! Sein Leben kann nur in dem Kräftedreieck „Mensch-Gott-Mensch" gelingen. In den zahlreichen Angeboten sozialer Netzwerke im Internet spiegelt sich etwas von der Sehnsucht danach wider. Aber die virtuelle Gemeinschaft per Mausklick kann nur einen schwachen Ersatz für das reale, zwischenmenschliche Zusammenleben bieten, geschweige denn für ein *Glaubensleben*.

Unabhängigkeit von Gott ist die Wurzel der Sünde schlechthin. Die Unabhängigkeit von anderen Menschen ist der Beginn von Maßlosigkeit, Stolz und Einsamkeit. Sie ist eine Frucht vom Baum der Erkenntnis: *Ihr werdet sein wie Gott und wissen, was gut und böse ist!* Mit anderen Worten: *Ihr seid dann erwachsen genug, ihr braucht jetzt keine Hilfe mehr, ihr braucht keinen Gott und Vater, der euch sagt, was ihr tun und lassen sollt! Ihr braucht auch keine anderen Menschen! Selbst ist die Frau/Selbst ist der Mann!* Solch eine Herzenshaltung bringt uns unter die Sklaverei unseres Ichs. Am Ende herrscht der pure **Egoismus**, der jede Form von Gemeinschaft zerstören wird.

Im christlichen Glauben geht es aber immer um Gemeinschaft, Liebe und Beziehung! Da gehören Treue, Verlässlichkeit, Transparenz, Vertrauen und Hingabe unabdingbar dazu. Christen gehen eine Glaubens-Verbindung mit ihrem Gott ein. Damit bekennt ein Gotteskind: *„ER ist Gott und nicht ich! Ich bin klein, ER ist groß! Ich brauche IHN!"* Die Bibel umschreibt das mit dem Bundesgedanken. Gott bietet dem Menschen einen **Bund** an. Im Orient verstand man Folgendes darunter: Der Stärkere stellt sich dem Schwächeren als Bundespartner zur Verfügung (denn Stärke, Reichtum und Segen verpflichten). Als Schutzpatron verspricht er seinem Bundespartner Hilfe und Unterstützung bei drohender Gefahr. Dafür verlangt der Stärkere die Loyalität und die Treue des schwächeren Partners. Immer wieder hat Gott SICH so SEINEM Volk genaht und immer wieder wurde ER von Israel bzw. von SEINER Gemeinde bitter enttäuscht. Gott war und ist treu in allen SEINEN Zusagen, aber wir Menschen haben die Bundestreue oftmals gebrochen. Trotzdem hält Gott in SEINER Liebe weiterhin treu zu uns!

> *„Wenn wir untreu sind, <u>so bleibt er doch treu</u>; er kann sich selbst nicht verleugnen"*   (2. Timotheus 2,13).

Unser ganzes Leben ist und bleibt völlig abhängig von Gott! Wir haben nichts, was ER uns nicht gegeben hätte. Wir können nichts ohne IHN tun; wir brauchen SEINE Kraft für jeden Atemzug und jeden Herzschlag! All unsere Stärken und Fähigkeiten kommen von IHM, sowie auch unsere Begrenzungen. Wir wissen nicht, was richtig ist. Wir haben kein rechtes Verständnis der Dinge und keine Klugheit in uns selbst; wir brauchen SEINE Weisheit und SEINE Offenbarung der Geheimnisse Gottes. Alles liegt an SEINEM Segen und alles ist aufgebaut auf SEINER Gnade. Wir sind auf SEINE Hilfe, Rettung und Versorgung vollkommen angewiesen.

Und wir sind auch auf die Hilfe von anderen Menschen angewiesen. Aus der Nummer kommen wir ebenfalls zeitlebens nicht heraus. Wir werden als hilflose kleine Wesen geboren und bedürfen für eine sehr lange Zeit der *„Brutpflege"*. Wir brauchen existentiell eine Familie. Fast alles müssen wir mühsam erlernen und benötigen dabei sehr viel Unterweisung und Hilfestellung. So ist es im Natürlichen, so ist es aber auch im geistlichen Bereich. Einzelgänger-Christentum wäre absurd. Wir haben uns bei unserer Bekehrung nicht nur für Jesus entschieden, sondern auch für einen Lebensstil in der Gemeinschaft der Heiligen. *„Koinonia"* bedeutet *gegenseitiges Anteil-geben und Anteil-nehmen*. In über dreißig verschiedenen **„Einander**-Bibelversen" macht Jesus deutlich, worauf es ankommt: mit-einander, unter-einander, bei-einander, für-einander ... Wir schaffen es nicht allein!

Für einen nach Autonomie suchenden Menschen muss sich das ganz furchtbar anhören! Und doch ist es genau das, was Gott will! Die Bibel umschreibt dies in so vielen Farben und Bildern. Jedes Mal geht es um die gleiche Aussage:

Wir brauchen jemanden, der sich um uns kümmert!
Jemanden, der uns hilft, für uns sorgt und auf uns aufpasst!
Denn wir schaffen es nicht allein!

- Kinder brauchen einen Vater!
- Schafe brauchen einen Hirten!
- Weinberge brauchen einen Gärtner!
- Lehrlinge brauchen einen Meister!
- Kranke brauchen einen Arzt!
- Fremdlinge brauchen eine Heimat!

Und wir brauchen IHN, unseren ABBA!

Zum persönlichen Weiterdenken ...

? Mach Dir bitte einige Momente Gedanken über das Zitat zu Beginn des Kapitels. Wie hören sich die Worte Hermann Bezzels für Dich an? Versuche selbst eine Definition dafür zu finden, was für Dich Glauben an Gott bedeutet.

? Wie schätzt Du Dich selbst ein: Fällt es Dir eher leicht oder schwer, Dir helfen zu lassen? Was macht es Dir leichter und was schwerer? Wo lebst Du in verbindlichen Beziehungen, wo suchst Du nach Unabhängigkeit?

? Warum könnten Schwäche und Abhängigkeit so entscheidende Schlüssel sein, wenn es darum geht, Vertrauen in Gott zu lernen? Wo hast Du bereits selbst die Erfahrung machen können, dass es sich lohnt, die Hilfe Gottes bzw. anderer Menschen in Anspruch zu nehmen? Wie reagieren andere in Deinem Umfeld, wenn Du Hilfe benötigst?

Kapitel 7

Werdet wie die Kinder

Das muss ein Schock für die Jünger Jesu gewesen sein! Sie diskutierten gerade, heftig miteinander streitend, die schwerwiegende theologische Frage: *Wer ist wohl der Größte im Reich Gottes?* Da ruft Jesus eines der umherstehenden kleinen Kinder herbei, hebt·es hoch, stellt es mitten ins Rampenlicht der Aufmerksamkeit und spricht: *„Wahrlich, ich sage euch: Wenn ihr nicht umkehrt und werdet wie die Kinder, so werdet ihr nicht in das Reich der Himmel kommen"* (Matthäus 18,3).

Ein Kind?! Jesus benutzt hier bewusst das Wort *„paidion"* (davon leitet sich unser Wort „Pädagogik" ab) – gemeint ist damit ein **Kleinkind im Alter von 3-6 Jahren**. In diesem (Vorschul-)Alter, in dem Kinder am meisten und auch am schnellsten lernen, kommt beides zusammen:

Einerseits können diese Kinder schon eine ganze Menge. Sie lernen fix dazu und erobern die Welt. Andererseits brauchen sie aber auch noch jede Menge Hilfe, Erziehung und Förderung. Da gibt es noch so viele Dinge, die sie nicht können – was auch keiner von ihnen verlangen würde. Denn sie sind ja klein und dürfen schwach sein! Von einem Kind in dieser Entwicklungsphase kann man wirklich nicht erwarten, dass es den Überblick hat und genügend eigene Stärke besitzt.

Bei anderer Gelegenheit hören die Jünger staunend, wie Jesus ähnliche Worte im Gebet findet: *„Ich preise dich, Vater, Herr des Himmels und der Erde, dass du dies den Weisen und Klugen verborgen hast und es Unmündigen geoffenbart hast"* (Matthäus 11,25).

Die *Möchtegern-Weisen-und-Klugen* meinen, sie bräuchten keine Hilfe des Himmels. Sie verlassen sich auf ihre eigene Stärke und Intelligenz. Sie versuchen, alles allein zu bewältigen. Sie tun so schrecklich erwachsen, dass sie dabei den Vater verpassen.

Unmündige –„*nepios*" hingegen sind Kleinkinder; solche, die noch in die Windeln machen („*nappy*" ist im Englischen „Windel"). Sie sind unerfahrene **Anfänger**. Sie müssen alles erst erlernen – selbst, aufs *Töpfchen* zu gehen. Sie können noch nicht richtig sprechen. Sie lallen und plappern. Sie kleckern und fallen auch mal hin beim Laufenlernen. Ein Sinnbild für Schwach-Sein und **Ein-Üben**. Ihnen gilt aber die Verheißung, dass sie die Hilfe des himmlischen Vaters erleben werden.

Immer wieder weist Jesus eindringlich darauf hin, dass wir **klein werden** müssen, wenn wir ins Reich Gottes wollen. Die enge Pforte, der schmale Weg, das Nadelöhr ... Nur Kinder passen ins Vaterhaus der Liebe Gottes! **ER ist der Ewig-Vater** (vgl. Jesaja 9,6) **und wir sind SEINE Ewig-Kinder!**

Dieser Gedanke scheint so fremdartig für die gefallene Menschheit zu sein, die immer Ausschau nach dem Großen und Erfolgreichen hält, dass wir einen Schöpfungsakt brauchen: eine Neugeburt (vgl. Johannes 3,3)! Wir müssen umdenken/umkehren/wegkommen von dem falschen Weg der Autonomie. **Kind-Werden (einfach-kindlich-unvollkommen** sein, so würde es mein Freund Manfred Lanz bezeichnen) ist eine ganz entscheidende Facette der Nachfolge Jesu! **Erst wenn wir im Geist der Kindschaft/Sohnschaft** (vgl. Galater 4,4-7; Römer 8,15-17) **ankommen, sind wir bei dem angelangt, was Jesus und die Bibel unter wahrem Glauben verstehen.** Kennzeichnend für diese Art des Gottvertrauens ist ein kindlicher Umgang mit Gott. Der Heilige Geist schreit (wörtlich: „*krazo*", d. h. „krakeelen wie ein Kleinkind") in unserem Innersten: *„Abba, lieber Papa!"*. Kinder rufen nach ihren Eltern, wenn sie sich einsam fühlen, wenn sie übermüdet sind oder sich langweilen, wenn sie hungrig oder durstig werden, wenn sie Hilfe brauchen, wenn sie Angst haben, wenn sie Nähe und Trost brauchen, und manchmal einfach nur so ...!

Was ist denn nun so entscheidend wichtig an *Kindern*, dass unser Meister sie uns betont zum Vorbild und als Zielperspektive vor Augen stellt? Mir sind fünf Eigenschaften aufgefallen, die sich sehr gut auf das Leben eines Jüngers Jesu übertragen lassen:

1. Kinder vertrauen.

Kinder brauchen Liebe zum Leben. Ohne Liebe würden sie eingehen wie eine Primel ohne Wasser. Wenn ein Kind in einer liebevollen Umgebung aufwächst, trägt es ein gesundes, tiefes Ur-Vertrauen als Schatz in sich. Weil es aber leider auch böse Menschen gibt, muss man solchen Kindern beibringen, nicht allen Menschen auf der Welt sein Vertrauen zu schenken: *„Gehe nicht mit Fremden mit! Du musst lernen, zu unterscheiden, wem Du vertrauen kannst und wem nicht."*

Vertrauen ist das Normalste für geliebte Kinder!

2. Kinder bedürfen Hilfe und Schutz.

Kinder sind klein, schwach, hilflos und schutzbedürftig. Sie brauchen Erzieher, Betreuer, Lehrer ... aber vor allem: Mama und Papa. Ohne Menschen, die sie lieben und für sie da sind, könnten sie einfach nicht überleben. Wer gibt ihnen Nahrung und Kleidung? Wer gibt ihnen Schutz und Wärme? Wer bereitet ihnen ein Zuhause? Wer erzieht sie? Wer passt auf sie auf? Wer kümmert sich um sie, wenn sie krank sind? Wer spielt mit ihnen? Wer lehrt sie? Wer ist ihr Vorbild? Wer tröstet und ermutigt sie ...?

Ihre ganze Existenz ist so angelegt, dass sie während ihrer gesamten Kindheit immer andere Menschen brauchen werden. Menschen, die für sie sorgen, ihnen Überlebensnotwendiges beibringen, Wege zum Leben eröffnen, Unterscheidungshilfen anbieten.

3. Kinder wachsen unaufhörlich.

Alles Leben ist wachstümlich. An Kindern kann man sehen, was Wachstum bedeutet.

Sobald sie im Mutterleib in Existenz kommen, wachsen sie unaufhörlich. Und das bleibt auch so während der gesamten Kindheit. Kaum hat man Kindern Kleidung oder Schuhe gekauft, sind sie schon wieder größer geworden und brauchen etwas Neues. Wachstum ist also ganz normal für Kinder. Sie sind ständig im Begriff der Wandlung: körperlich, mental und seelisch. Manchmal ganz langsam, in kleinen, kaum wahrnehmbaren Schritten und dann wieder in großen Schüben. Auf jeden Fall gehören beständige Veränderungen zur gesamten Kindheitsphase dazu.

4. Kinder dürfen alles lernen.

Kind zu sein ist gleichermaßen eine fortwährende Lern-Aufgabe. Kinder müssen fast alles erlernen. Nur wenige Dinge sind angeboren. Das Allermeiste muss ausprobiert, eingeübt oder zumindest entfaltet werden. Organische Abläufe wie Nahrungsaufnahme und Verdauung, Sprache, Bewegung, Motorik, aber auch seelisch-kognitive Fähigkeiten wie Mitempfinden, Umgang mit Emotionen, logisches Denken, Lesen, Rechnen und Schreiben, und soziale, charakterliche Kompetenzen wie Streiten und sich wieder versöhnen, Freundschaften schließen, Trösten, Feste feiern, miteinander teilen – alles will erlernt werden.

Für einen unbeteiligten Erwachsenen muss es von außen so aussehen, als ob Kinder viele Fehler bei ihren Lernversuchen machen. Aber für ein Kind ist es normal, dass nicht alles gleich beim ersten Mal perfekt gelingen kann. Dennoch wird es nicht aufgeben, sondern weitermachen. Es weiß, dass es irgendwann klappen wird. Und alle Versuche bis dahin gehören zum Weg ans Ziel. Sie sind also kein Versagen oder vergeudete Zeit, sondern ein wertvolles Sammeln von Erfahrungen und ein Training, um noch stärker zu werden.

5. Kinder spielen das Leben.

Die Hauptbeschäftigung eines Kindes (neben Essen und Schlafen) ist das Spielen. Spielen ist womöglich eins der wichtigsten Lernfelder im Leben eines Menschen überhaupt. Kinder lernen spielerisch das Leben und machen aus allem ein Spiel. In der verspielten Fantasie eines Kindes ist viel Raum zum Ausprobieren. Das ist dann eine Mischung aus Nachspielen, was man bei Vorbildern (Mama, Papa, etc.) bereits gesehen und gelernt hat, sowie Ideen, Träumen und eigener Vorstellungskraft. Beim Spielen verarbeiten Kinder ihre

Erlebnisse. Sie tragen ihr inneres Erleben dabei nach außen. Ähnlich wie beim Träumen im Schlaf ist das Spielen wichtige Hygiene für die Kinderseele.

Kinder sind mit allen Emotionen am Spiel beteiligt. Sie sind ganz dabei. Sie tauchen völlig ein und werden Teil des Geschehens. Sie lachen, weinen, sind zornig, albern ausgelassen herum ... Kinder haben einen unkomplizierten Zugang und unzensierten Umgang mit ihrer Gefühlswelt. Ihr ungeteiltes Herz werfen sie in die Waagschale des Augenblicks. Beim Spielen können Kinder jegliches Gefühl von Zeit und Raum verlieren, weil sie so engagiert den Moment ausleben.

Wenn Jesus uns nun auffordert, wir sollen *werden wie die Kinder*, ist das ein Hinweis auf eine ganz bestimmte **kindlich-vertrauensvolle Haltung dem Leben gegenüber.** Das **Lebensgefühl eines geliebten Kindes** ist geborgen, fröhlich, leicht, frei, sorglos, unbekümmert, zuversichtlich, zufrieden, empfangend ...! Ein geliebtes Kind weiß: *„Mein Papa ist immer für mich da und kümmert sich um alles!"*

Das ist die **Leichtigkeit des Seins** von der Paulus in seinen Briefen schreibt: *„Wenn Gott für uns ist, wer kann dann gegen uns sein?"* (Römer 8,31). Das ist die herrliche Freiheit der Kinder Gottes! Das ist das Aufatmen der Vielgeliebten trotz aller Feindseligkeiten!

Zugleich macht Jesus damit unmissverständlich klar, dass Gott nicht unsere eigene Stärke und Selbsthilfe haben will. ER möchte vielmehr, dass wir uns von IHM helfen lassen. **Kinder brauchen einen Vater! Kinder brauchen Papas Hilfe, Schutz und Versorgung!** Sie schaffen es nicht allein. *Halleluja, es ist nicht zu schaffen!* Dafür wurden Kinder nicht gemacht. Ohne unseren Papa wären wir verloren! Wer Abbas Hilfe nicht in Anspruch nehmen will, entlarvt sich nur selbst als stolzer Trotzkopf. Das ist Sünde, Zielverfehlung – derjenige muss umkehren von seinem großspurigen Weg und wieder klein werden. Anders kommt er nicht ans Ziel. **Das Ziel ist und bleibt: Leben in der herrlichen Liebe des Vaters! Dort ist unser Zuhause!**

An dieser Stelle möchte ich *meine Frau Karin* mit einem persönlichen Erlebnis zu Wort kommen lassen, frei nach dem Motto:

Das ist viel zu schwer – das schaffst Du nur als Kind!

Wenn ich mich selbst beschreiben müsste, dann als Frau, die die „Dinge mit Gott wirklich ernst meint", „sie nicht einfach locker nimmt", wie man manchmal sagt, keine „billige Gnade" zulässt. Eine Tochter Gottes, die es gern gut macht, ungern Fehler begeht, alles „richtig machen" möchte. Wichtige Angelegenheiten werden überlegt und durchdacht, mit ihren Folgen und Konsequenzen. Ich bin kein Heute-so-und-morgen-so-Typ.

Aber ich mag auch gern schmunzeln und lachen – am liebsten über mich selbst. Eine Reihe meiner Freunde beschreiben meinen Humor als „trocken, mit einer Prise Schalk". Und mir scheint, dass unser Gott ebenfalls äußerst humorvoll ist und entsprechend mit SEINEN Kindern – zumindest mit mir – umgeht. So auch in dem nachfolgenden Erlebnis:

In einer Zeit mit meinem himmlischen Vater schüttete ich IHM, nach gutem biblischen Vorbild, wieder einmal mein Herz aus. Mein Thema war unsere Zukunft und die Pläne, die ER mit uns als Ehepaar und Gemeinde offensichtlich schmiedete. In aller Ausführlichkeit beschrieb ich meine Gedanken und Empfindungen dazu. Ich empfand, dass ich SEINE volle Aufmerksamkeit hatte. Das gefiel mir gut. Weiter erklärte ich IHM all die Schwierigkeiten und Hindernisse, die ich auf uns zukommen sah. All das war unterm Strich einfach nicht zu machen, es war einfach nicht zu schaffen – so empfand ich es.

Nun halte ich mich nicht für „eine Anfängerin im Glauben". Ich fand, ich machte meine Sache mit IHM recht gut. Kein Gejammer, keine Mimositäten, sondern alles „was ist und was nicht ist" auf den Tisch gelegt. Und ER – ER hörte mir mit ungeteiltem Herzen zu. Ich fühlte mich ernst genommen. Das tat mir richtig wohl. So war es eine gute „Stille Zeit" für mich.

Als ich ans Ende meiner Ausführungen kam, entstand eine Stille zwischen uns, eine erfüllte, gute Stille. Der Vater schien meine Gedanken sacken zu lassen. Dann kam SEINE leise Stimme in meinem Herzen zu mir: „DU HAST RECHT!" Wieder folgte ein gefühlt langer Moment der Stille. Es erschien mir plötzlich komisch, sogar ein bisschen beängstigend, dass der große allmächtige Gott mir recht gab; dass ER womöglich von meinen Bedenken überrascht worden war und IHN diese Situation möglicherweise überfordern könnte. Dann sprach ER weiter: „DU HAST RECHT. DAS SCHAFFST DU NICHT." Er hielt kurz inne. „DAS SCHAFFST DU NUR ALS KIND."

Boing! Beim Dartspielen würde man sagen: „Bulls-Eye, 50 Punkte!" Ich war sprachlos, völlig entwaffnet. Ich wusste sofort, ER hatte voll ins Schwarze getroffen. Auf so amüsante Weise brachte ER es kurz und knapp auf den Punkt. Dabei nahm ER mir den Wind aus den Segeln und machte mich auf so nette und wertschätzende Weise auf den Zustand meines Herzens aufmerksam. Natürlich war es nicht zu schaffen mit meinen Möglichkeiten, Einsichten und Strategien. Die ganze Bibel ist voll von diesen Geschichten. Mit den menschlichen Möglichkeiten kommt das Reich Gottes nicht durch.

Mein Herz ist oftmals so „erwachsen" Gott gegenüber, als sei ich ein gleichwertiger Partner. Aber ER hat mich zu SEINEM Kind gemacht und ER will mir Vater sein.

„Vater, schenk mir ein kindliches Herz, das dir vertraut. Ich erlaube dir, mein Vater, mein Abba-Papa zu sein!"

Jesus kam, um uns mit SEINEM kindlichen Geist zu beschenken, der da ruft: „Abba, Papa, lieber Vater"

(vgl. Römer 8,15; Galater 4,6).

Zum persönlichen Weiterdenken ...

? Wie empfindest Du die Aufforderung Jesu: „Werdet wie die Kinder"?

? Kannst Du kindlich leben? Wo entdeckst Du Spuren von Kindlichkeit in Deinem persönlichen Erwachsenenleben? Wie kannst Du Gott-Vater noch mehr kindlich vertrauen lernen?

? Fällt es Dir eher schwer oder leicht, Zugang zu Deinen Gefühlen zu finden? Beobachte mal ein Kind und schau, wie es seine Gefühle auslebt – was fällt Dir dabei auf?

? Welche der fünf erwähnten Eigenschaften von Kindern spricht Dich besonders an? Was würdest Du Dir konkret mehr an kindlichem Zugang zu Abbas Herzen für Dein Leben wünschen?

Kapitel 8

Ich bin klein,
mein Herz mach rein

Ich bin klein – mein Herz mach rein.
Soll niemand drin wohnen, als Jesus allein.
Amen!

Als mir meine Mutter vor einigen Jahrzehnten dieses **Kindergebet** beibrachte, ahnte ich noch nichts von der enormen Kraft des Himmels, die hinter diesen Worten steckt. Vermutlich wurden diese schlichten Zeilen bereits von Millionen Kindern vor mir und nach mir gebetet. Weil es sich so schön reimt. Aber auch, weil darin die tiefe Wahrheit des Evangeliums verborgen liegt und auf eine kurze Formel gebracht wird.

Meistens wollen wir Menschenkinder nicht klein sein! Unser Ehrgeiz besteht darin, schnell groß zu werden. Ständig messen wir uns miteinander: Wer ist wohl der Stärkste, Schnellste, Klügste usw.?! Was anfänglich nur ein spielerischer Umgang ist, wird mehr und mehr zu einem lebenslangen Kräftemessen und Konkurrenzkampf. Das Leben gleicht einer immerwährenden Castingshow: Deutschland sucht den Super-weiß-ich-was und das Super-Topmodel-Sowieso! Die Erwachsenenwelt ist durchzogen von diesem Verhaltensmuster. Auch die Jünger Jesu damals (wie heute) beteiligten sich leider an dem **Spielchen: Wer ist der Größte?!** Wie muss es unseren Meister geschmerzt haben, als SEINE Freunde mit Positionsrangeleien beschäftigt waren, während ER SICH auf den Tod am Kreuz vorbereitet hat.

„Es entstand aber auch <u>ein Streit unter ihnen</u>, wer von ihnen als <u>der Größte</u> zu gelten habe. Er aber sagte: (...) Ihr aber sollt nicht so sein; sondern der Größte unter euch soll sein, wie der <u>Jüngste</u> [„neoteros" – kleiner, ganz junger Mensch] und der Führende wie der <u>Dienende</u>" (Lukas 22,24;26).

Das Revolutionäre des Evangeliums zeigt sich darin, dass unser großer Gott menschlich klein wird! Der Allmächtige wird Mensch und dadurch winzig. Der Schöpfer des gesamten Alls macht sich passend für die Gebärmutter einer jungen Frau. ER neigt sich so tief zu uns herab, dass ER selbst in Fleisch und Blut übergeht. Das ist unfassbar! Jesus, Sohn Gottes und Mitschöpfer, kommt als kleines, hilfloses Geschöpf auf den blauen Planeten! Selbst ER war einmal so klein, dass ER alles erlernen musste. Noch bevor Du oder ich beten konnten: *Ich bin klein ...*, hat unser Gott uns bereits vorgemacht, wie das aussieht:

„Ihr sollt <u>so gesinnt sein</u>, wie es Christus Jesus auch war, der, als er in der Gestalt Gottes war, es nicht wie einen Raub festhielt, Gott gleich zu sein; sondern <u>er entäußerte sich selbst</u>, nahm die Gestalt eines Knechtes an und wurde wie die Menschen; und in seiner äußeren Erscheinung als ein Mensch erfunden, <u>erniedrigte</u> er sich selbst und wurde gehorsam bis zum Tod, ja bis zum Tod am Kreuz" (Philipper 2,5-8).

Der große Gott kommt und wird so klein! Das feiern die Christen zu Weihnachten, aber auch von Karfreitag bis Ostermorgen. Jesus kommt und durchkreuzt die falsche Gesinnung der Finsternis dieser Welt. ER siegt über die verdrehten Anschauungen und Verhaltensweisen der Menschen. ER zeigt, was bei Gott wahre Größe ist: Der Allmächtige lebt als demütiger Diener, Freund der Sünder, liebender Helfer und barmherziger Heiler mitten unter uns. **Im entgegengesetzten Geist der Agape** reißt ER das Steuer herum und befreit die Welt von innen heraus von dem Größenwahn Satans. Unabhängig zu leben und selbst Gott spielen zu wollen werden als raffinierte Trugschlüsse und Lügen entlarvt.

Es lohnt sich, die **vier Evangelien** nochmals neu unter folgender Betrachtungsweise zu studieren: *Wie hat uns der große Gott in Jesus Christus* *gezeigt, wie wir hier auf Erden kindlich-klein und vertrauensvoll leben können?*

Die ganze Existenz Jesu strahlt das Leben eines vielgeliebten Kindes aus. Obwohl Jesus zu einem erwachsenen Mann heranreift, verzichtet ER stets auf eigene Wege und Pläne.

> *„Abba, Vater! Alles ist dir möglich; nimm diesen Kelch von mir! Doch nicht, was ich will, <u>sondern was du willst</u>"* (Markus 14,36).

> *„Meine Speise ist die, dass ich <u>den Willen dessen tue</u>, der mich gesandt hat, und sein Werk vollbringe"* (Johannes 4,34).

> *„Dein Reich komme. <u>Dein Wille geschehe</u>, wie im Himmel, so auf Erden"* (Matthäus 6,10).

Jesus lehnt es ab, den Teufel mit Zeichen und Wundern zu beeindrucken. IHM liegt auch nichts daran, es Menschen recht zu machen – weder SEINER eigenen Familie, noch der breiten Öffentlichkeit. ER sagt *Nein* zu den Massen, als sie IHN zum König machen wollen. ER lässt SICH nicht von Pontius Pilatus, den Römern oder sonstigen Autoritäten herausfordern, mit menschlichen Waffen zurückzuschlagen. ER beugt SICH nicht dem Erwartungsdruck der Religiösen und der Eiferer, die meinen, sie wüssten genau, wie die Rettung Israels auszusehen habe. **Jesus steht nie in Gefahr, selbst Gott zu spielen – vielmehr lebt ER als geliebter Sohn Gottes! SEINE tiefe Vertrauensbeziehung zum Vater im Himmel ist und bleibt Modell und Original wahrer Jüngerschaft.**

Klein-werden, Klein-sein und Klein-bleiben – darauf kommt es an! Indem Jesus schon morgens die Gemeinschaft mit dem Vater sucht, macht ER deutlich: *Ich schaffe es nicht allein! Und ich muss es auch nicht allein schaffen! Mein Vater ist allezeit bei mir! ER hilft mir und gibt mir Rat!*

Keine Heilung, kein Wunder geschieht aus eigener Kraft. Keine Rede hält ER, ohne zuvor die Worte vom Vater bekommen zu haben. Jede Entscheidung bespricht ER zuerst mit IHM. **ER kann nichts ohne IHN machen, denn ER will nichts ohne IHN machen!** Die Gemeinschaft mit Abba ist Dreh- und Angelpunkt SEINES gesamten Lebens. Hier tankt Jesus neue Kraft, hier kommt ER zur Ruhe, von hier aus finden SEINE Operationen statt. **Jesu Dasein ist gänzlich fokussiert auf die innige Gemeinschaft mit Abba-Vater.**

Der Jüngerkreis Jesu, später die Apostel und dann die neutestamentliche Gemeinde (bis hin zu uns heute) folgen diesem Weg, den ihr Herr eingeschlagen hat. **Wir alle sind kleine Leute an der Hand eines großen Gottes!** Und je länger wir mit IHM gehen und herrliche Erfahrungen sammeln, umso mehr müssen wir feststellen, dass die Proportionsunterschiede zwischen IHM und uns, realistisch gesehen, sogar noch dramatischer ausfallen. Wie können wir Menschenkinder uns nur so vertun, nur so vermessen sein, dass wir auf den Gedanken kommen, *wir könnten es, als Große, schon irgendwie allein hinbekommen???*

Darum tut es gut, wenn wir ab und zu mal die Last der Verantwortung auf unseren Schultern spüren, um zu merken, wie klein wir in Wirklichkeit sind. Zum Beispiel dann, wenn wir selbst Eltern werden und ein zerbrechliches Baby in den Armen halten. Wenn wir nach der Ausbildung ins Berufsleben gehen und merken, wie es sich anfühlt, ständig Entscheidungen treffen zu müssen. Wenn wir sogar versagen und scheitern, der Wahrheit ins Auge sehen, dass wir nicht alles können und überblicken. Wenn Krankheit und Todesgefahren uns schmerzlich die Grenzen aufzeigen. Wenn dann auch noch Träume, Beziehungen, Partnerschaften zerbrechen, werden wir *zwangsläufig klein und kleiner.*

Ich bin klein

Das ist demnach keine falsche Festlegung auf Minderwertigkeit und Schwäche, sondern biblischer Realismus. *Klein* bedeutet nun, im Licht der Offenbarung des Gottessohnes die Position einzunehmen, die der Vater im Himmel für uns alle seit Ewigkeit bestimmt hat: ER ist Ewig-Vater und wir dürfen Ewig-Kinder sein. **Erwachsene Menschen mit dem Herzen eines Kindes!** Voller Vertrauen in SEINE Versorgung, SEINEN Schutz und SEINE Führung. Wer so lebt, nimmt gerne den Platz bei Abba auf dem Schoß ein. So wie Jesus es tut (vgl. Johannes 1,18). Dort, an SEINEM Herzen, fühlen wir uns nicht mehr klein und unbedeutend, sondern absolut wertvoll und wichtig! Wir leben dann auf Augen-Höhe (oder besser gesagt: Herzens-Höhe) mit IHM!

Mein Herz mach rein

Nirgendwo wird unsere Abhängigkeit von Gott so deutlich wie bei der Frage nach dem Umgang mit Schuld. Wir brauchen einen Retter und Erlöser! Wir brauchen Vergebung als geschenkte Gnade Gottes. Die Geschichte Israels im alten Bund spricht eine deutliche Sprache: Nein, es ist nicht zu schaffen! Wir bekommen den Berg an Verfehlungen nicht allein weggeschaufelt. Die Menschheit kann sich nicht selbst von der Last der Sünde befreien. In allen Religionen und Philosophien suchen Menschen verzweifelt danach, aus eigener Kraft und Anstrengung einen Weg aus der Dunkelheit ans Licht zu finden. Aber es gibt nur einen Ausweg: Jesu Sterben am Kreuz auf Golgatha! Jesus wäscht blutrote, schmutzige Herzen wieder schneeweiß. Gott-Vater hat uns in Jesus mit SICH selbst versöhnt – das ist die Gute Nachricht für Kinder Gottes.

Soll niemand drin wohnen, als Jesus allein

Als wir dieses Kindergebet unseren eigenen Kids beibrachten, waren sie bereits schon so *trinitarisch* gepolt, dass sie gleich ergänzten: „*... und der Vater und der Heilige Geist!*" Und damit haben sie recht! Unser Gott kommt und will in uns kleinen Menschen mit SEINER ganzen Fülle der Gottheit Wohnung machen: der Liebe des Vaters, der Gnade unseres Herrn Jesus und der „*Koinonia*" *– Gemeinschaft* des Heiligen Geistes (vgl. 2. Korinther 13,13). Die alleinige Ausrichtung und Abhängigkeit von IHM ist unsere Freude und unser Lebensglück! Die Bindung und Festlegung auf eine Person (in diesem Fall unseren dreieinigen Gott) ist keine Herabsetzung, sondern macht den Reichtum erst möglich. Das ist so wie das Eingehen einer Ehe. Von außen betrachtet könnte man irrtümlicherweise zu dem Schluss kommen, dass man mit der Konzentration von Intimität auf eine Person in der Ehe als Individuum zu kurz kommt und damit die Vielfalt verpasst. Wer aber das Wagnis mutig eingeht und sich einem auserwählten Menschen in Liebe und Treue ein ganzes Leben lang anvertraut, kann das Geheimnis der Tiefe wahrer Bundesliebe erst richtig erfahren.

Ja, ich bin klein – aber mein Gott ist groß! Darum betet es in mir auch jetzt noch:

Ich bin klein, mein Herz mach rein.
Soll niemand drin wohnen, als Jesus allein!
...
Ja, Gott ist groß, das ist famos!
Ich sitz beim Papa auf dem Schoß!
Amen.

Zum persönlichen Weiterdenken ...

? Welche Kindergebete fallen Dir spontan ein? Welche guten Botschaften und Wahrheiten kannst Du dahinter entdecken? Welche Erinnerungen verbindest Du damit?

? Wo erlebst Du Dich manchmal als besonders klein? Wie fühlt sich für Dich Kleinsein an? Was empfindest Du gut daran und was erscheint Dir eher negativ?

? Wenn Du das Leben Jesu näher betrachtest, wo kannst Du es modellhaft auf Deine persönliche Nachfolge übertragen? Wo fällt Dir besonders auf, dass der große Gott SICH klein gemacht hat?

Kapitel 9

Papas Liebling

Zu einer der schönsten Anekdoten meiner Reisetätigkeit in den letzten Jahren zähle ich folgende kleine Begebenheit: Ich war wieder einmal eingeladen, in einer anderen Stadt in Deutschland ein Seminar zum Thema *Gottes Vaterherz* zu halten. Der Pastor der Gemeinde vor Ort nahm mich herzlich in Empfang und stellte mir dabei seine Familie vor. Als seine kleine bezaubernde Tochter an die Reihe kam, stand der blonde Lockenkopf schelmisch wippend vor mir. Ich beugte mich herunter und fragte das süße Mädchen: *„Na, und wie heißt du?"* Sie wippte kess weiter hin und her und antwortete selbstbewusst: *„Ich bin Papas Liebling!"*

Ich habe diese kleine Geschichte schon sehr oft weitererzählt und es berührt mein Herz jedes Mal neu. Dieses kleine Mädchen hat mir eine Kurzpredigt gehalten, die ich mein Leben lang nicht mehr vergessen werde. Ich habe an ihr gesehen, was die Liebe eines Vaters kreieren kann. Anscheinend hatte ihr Papa oft zu ihr gesagt: *„Du bist mein Liebling!"* Sie hatte die vertrauten Worte immer und immer wieder gehört. Daher wusste sie, wie ihr Papa über sie dachte und hatte es tief in ihrem Herzen aufbewahrt. Es war zu ihrer eigenen **Identität** geworden: *„Ich bin Papas Liebling!"* Und als ich sie fragte, kam ganz selbstverständlich über ihre Lippen, was ihr Herz bereits als geglaubte Wahrheit erfüllte: *„Ich bin Papas Liebling!"*

Wenn man Jesus damals fragte, wer ER denn sei, antwortete ER ebenfalls: *„Ich bin Papas Liebling!* **Ich bin der vielgeliebte Sohn Gottes!"**

ER nannte sich selbst: *Gottes Sohn – Menschensohn – der einzigartige Sohn – der geliebte Sohn – DER Sohn!* Auch ER war erfüllt mit der Realität der Liebe eines Papas, SEINES himmlischen Abbas!

Als Jesus im Jordan stand und getauft wurde, kam der Heilige Geist sichtbar und spürbar auf IHN, und die Stimme des himmlischen Vaters erklang aus der unsichtbaren Welt: *„Du bist mein geliebter Sohn, an dem ich Wohlgefallen habe"* (Markus 1,11). Später auf dem Berg der Verklärung wiederholte der Vater im Himmel diesen Ausruf der Begeisterung über SEINEN Sohn Jesus: *„Dies ist mein geliebter Sohn, an dem ich Wohlgefallen habe"* (Matthäus 17,5).

Auch Jesus war von den Worten SEINES Vaters so geprägt, dass diese Worte zu SEINER Identität wurden: **„GELIEBT! Von Abba geliebt!" stand über SEINEM Leben geschrieben, wie ein Gütesiegel!** Der Vater hat es IHM immer und immer wieder gesagt und bestätigt – so lange, bis es zum tragenden Fundament SEINES Lebens geworden ist. **Jesus ruhte in dieser geschenkten Identität**, die IHM der Vater zusprach – egal, ob die Menschen IHM das *„Hosianna"* zujubelten oder IHN mit dem *„Kreuziget IHN!"* verfluchten. ER war und blieb der vielgeliebte Sohn Gottes – egal, ob großartige Wunder durch IHN geschahen oder ob man IHN ohnmächtig an ein Kreuz nagelte. ER muss es jeden Tag neu vom Himmel her gehört haben: *„Du bist mein geliebter Sohn! Du bist Papas Liebling!"*, denn ER konnte selbst den Feind Gottes, den Teufel, in die Flucht schlagen mit SEINEM unumstößlichen, kindlichen Vertrauen in die Liebe SEINES Vaters!

Aber nicht nur der Vater selbst bestätigte die Sohnschaft Jesu, sondern auch **andere Zeugen** traten auf und unterstrichen SEINE Identität:

- Petrus bestätigte es: *„Du bist Christus, der Sohn des lebendigen Gottes"* (Markus 16,16).
- Der römische Hauptmann unterm Kreuz musste es auch bekennen: *„Wahrhaftig, dieser war Gottes Sohn"* (Matthäus 27,57).
- Der Apostel Johannes bezeugte: *„Niemand hat Gott je gesehen; der eingeborene [einzig geborene] Sohn, der im Schoß des Vaters ist, der hat Aufschluss über ihn gegeben"* (Johannes 1,18).
- Und Paulus bekräftigte ebenfalls: *„Jesus Christus, unser Herr, wurde als Sohn Gottes bestätigt, indem Gott ihn mit großer Macht durch den Heiligen Geist von den Toten auferweckte"* (Römer 1,4; NLB).

Der Teufel versuchte, diese Identität in Zweifel zu ziehen. Er stellte Jesu Vertrauen in die Liebe des Vaters auf die Probe, indem er die Gottessohnschaft hinterfragte: *„Wenn Du Gottes Sohn bist ..."* (Matthäus 4,3;6). In diesem Bericht von der Versuchung Jesu sehen wir ganz deutlich, worum es dem Feind Gottes eigentlich geht: **Er will die Sohnschaft zerstören, und damit die Identität des Geliebten!** Später kommt es noch schlimmer: Der Teufel lügt und behauptet, dass Jesus selbst dämonisiert und ein frommer Scharlatan sei. Religiöse Geister stehen auf, klagen Jesus an, verleumden IHN, bis hin zur Gefangennahme und dem Kreuzestod. Bemerkenswert ist, dass der Hohepriester Kaiphas keine andere Anschuldigung gegen Jesus finden kann, als nur die Aussage: *Jesus bezeichnet Gott als Vater und sieht sich selbst als Sohn Gottes!* Diese Feststellung allein erscheint ihm Gotteslästerung genug, um Jesus von den Römern hinrichten zu lassen. Wie sehr muss der Teufel die Sohnschaft fürchten, dass es ihn zum Äußersten treibt?!

Eine Mutter schenkt ihrem Kind äußerlich das Leben durch die Geburt. **Aber ein Vater verleiht inneres Leben und Identität durch seinen Zuspruch. Er gibt seinem Kind einen Namen und spricht das JA-Wort zu seiner gesamten Existenz:** *„Ja, du bist richtig! Ja, du bist wichtig! Ja, dich will ich! Ja, du darfst leben!"* Der Vater bringt uns diese innere Bestätigung für unser Sein! **Er heißt SEIN Kind im Leben willkommen!** Sehr viele Menschen haben dieses Ja-Wort ihres Vaters leider nie gehört! Daher sind sie verunsichert in ihrer Person. Sie wissen nicht recht, warum sie eigentlich da sind. Deshalb empfindet manch einer von ihnen Minderwertigkeit. Es gibt Menschen, die darunter leiden, dass ihnen ihre eigene Existenz wie ein großer Irrtum vorkommt. Sie fühlen sich falsch und nicht im Leben angekommen.

> *„denn der Sohn Gottes, Jesus Christus (...) der war nicht Ja und Nein, sondern in ihm ist das Ja geschehen. Denn so viele Verheißungen Gottes es gibt – in ihm ist das Ja, und in ihm ist das Amen (...)"* (2. Korinther 1,19-20).

Ich finde, das ist eine ausgesprochen schöne Formulierung: **In Jesus, dem Sohn Gottes, ist das Ja des Vaters geschehen!** Gottes Liebeserklärungen sind mehr als bloße Worte. Sie sind ein wahres Geschehen! Da ereignet sich etwas Lebensveränderndes.

Die Redewendung „*und das Wort geschah*" kennen wir in der Bibel aus dem Zusammenhang, wenn ein prophetisches Wort ergeht. **Prophetie ist ihrem Wesen nach zuallererst Ermutigung**, Auferbauung, Stärkung und Trost – gelegentlich auch Ermahnung und Zurechtweisung, aber selbst das als Folge purer Liebe. Unser Vater im Himmel redet freundlich zu unseren Herzen. Alles, was ER SEINEN Kindern zu sagen hat, ist von SEINER grenzenlosen Liebe durchdrungen. Hier ergießt sich die Agape-Liebe voller Dynamik direkt aus dem Vaterherzen Gottes, wie ein nicht versiegen wollender Strom von Annahme und Freundlichkeit.

Jesus, Papas Liebling, stand **täglich unter dem Wasserfall der Liebe** SEINES Vaters und hat SICH neu damit füllen lassen. Unser Meister diente nicht aus Mangel heraus, sondern aus dem Überfluss des Gnadenstroms. Überfließende Gnade und Liebe. ER war so voll von der Güte und Barmherzigkeit Gottes, dass jeder, der mit IHM in Berührung kam, auch davon ergriffen und nass wurde. Das griechische Wort „*perissos*", das in den folgenden Bibelstellen auftaucht, bedeutet **überreich/überfließend/überschwänglich**.

Wir lesen hier von …

... „*Leben im Überfluss*" (Johannes 10,10),
... *materieller Versorgung im Überfluss* (vgl. Philipper 4,18),
... *überreichlicher Wahrheit* (vgl. Römer 3,7),
... *überfließender Gnade* (vgl. Römer 5,20),
... *überreicher Auferbauung* (vgl. 1. Korinther 14,12),
... *überreich sein in dem Werk des Herrn* (vgl. 1. Korinther 15,58),
... *überfließender Danksagung* (vgl. 2. Korinther 4,15),
... „*überschwänglicher Freude*" (2. Korinther 7,4).

Wie ein Schwamm, der sich vollgesogen hat und bei Berührung überläuft, so war Jesus überfließend **gesättigt mit den inneren JA-Worten SEINES Vaters**. Das schützte IHN vor den Lügen des Feindes und auch vor der Anklage religiöser Mächte. ER wusste stets um SEINE wahre Identität. SEIN Vater persönlich hatte sie IHM zugesprochen – und das mehrmals, immer wieder! Da konnten andere ihre frechen Lügen anbringen, soviel sie wollten. Das Unkraut des *Vaters der Lüge* fand keinen Nährboden, um in IHM Wurzeln schlagen zu können!

Wenn schon unser Meister es täglich brauchte, dass sich der Himmel über IHM öffnete und die Stimme des Vaters zu IHM kam, also das JA-Wort sich ereignete – wie viel mehr brauchen wir eine kontinuierliche Bestätigung unseres Geliebtseins vom Vater! *„Ich bin von Gott geliebt!"* – das muss die Grundmelodie unseres Lebens werden!

Für mich persönlich ist **mein geistliches Tagebuch** zu solch einem Wasserbad der überfließenden Agape von Abba geworden. Ich nehme mir fast täglich Zeit, um auf die Ja-Worte meines himmlischen Vaters zu hören. Dazu braucht es schon etwas Stille und Konzentration inmitten der Alltagsgeschäftigkeit. Aber es ist jedes Mal die Mühe wert. Denn Abba ist treu und flüstert mir unendlich liebevolle und stärkende Worte zu, die mein Innerstes hören muss. Wenn ich manchmal beginne diese Worte, denen ich da lausche, aufzuschreiben – *„Mein vielgeliebter Sohnemann, wie sehr genieße ich die Zweisamkeit mit Dir! ... Ich bin so stolz auf Dich, dass Du, gerade Du, mein geliebtes Kind bist!"* –, kann es geschehen, dass ich kaum glauben kann, was ich da schreibe! Es scheint fast zu schön, um wahr zu sein! Aber tatsächlich, so liebevoll denkt der Vater über jeden von uns. **Wir sind alle Papas Lieblingskinder!**

ER sieht uns mit SEINEN Augen der Liebe an! In IHM sind wir alle schön gemacht, heilig und rein, herrlich und würdig! **Wir sind „ganz der Papa"!** So wie Jesus, der Sohn Gottes, spiegeln auch wir als SEINE Kinder etwas von SEINER Schönheit, Größe und Herrlichkeit wider!

> *„Wir alle aber schauen mit aufgedecktem Angesicht die Herrlichkeit des Herrn an* [oder auch: „spiegeln wider"] *und werden so verwandelt in dasselbe Bild von Herrlichkeit zu Herrlichkeit, wie es vom Herrn, dem Geist, geschieht"* (2. Korinther 3,18; ELB).

Mein Freund Manfred Lanz weist in seinem genialen Buch *Leben in der Liebe des Vaters*[2] darauf hin, dass die Bibel jedes Mal, wenn sie von der Herrlichkeit Gottes spricht, damit die vollkommene Liebe des Vaters umschreibt! **Der Gott der Liebe wohnt in Herrlichkeit! SEINE Herrlichkeit, also SEINE spürbare Liebe, will auch unser Zuhause sein.** Und das inmitten einer sündigen und chaotischen Welt. Jesus zeigte es uns: ER konnte mitten im Sturm schlafen,

---

2 Manfred Lanz: Leben in der Liebe des Vaters, SCM R. Brockhaus, Witten 2009.

weil die herrliche Liebe des Vaters IHN ummantelte. ER war unabhängig von Menschenmeinungen und Erfolgen, weil ER in der herrlichen Liebe des Vaters ruhte und sie SEINE wahre Nahrung war, die IHN sättigte. ER war niemals allein. Selbst als ER am Kreuz vor lauter Dunkelheit einen Augenblick den Vater nicht mehr sehen konnte, war die herrliche Liebe des Vaters doch immer bei IHM. Jeder Atemzug, jeder Herzschlag, jeder Augenblick waren für Jesus Hinweis und Bestätigung: *„Ich bin von Abba-Vater geliebt!"*

Geliebte Kinder besitzen ein unerschütterliches Ur-Vertrauen! Ihr Leben ist gegründet auf Erfahrungen von Mutter- und Vaterliebe. Sie haben immer wieder erleben können, wie die Liebe der Eltern sie umsorgte, beschützte und ihnen wohltat. Unzählige Worte und Taten bezeugen das. Selbst wenn sie einmal das Handeln der Eltern nicht verstehen können, wissen sie doch, dass ihre Eltern absolut nur für sie sind und es immer nur gut mit ihnen meinen. Sie brauchen nicht alles zu können oder gar richtig zu machen. Ihr Geliebtsein ist nicht Folge von Leistung und Anstrengung, sondern unverdientes Geschenk. Die Eltern sind für sie da und helfen ihnen gerne weiter bei allem, was sie tun. Diese tiefe Gewissheit ist wie ein Felsen, auf dem sie ihr kleines Kinderleben unbekümmert aufbauen können.

Jesus lebte in solch einem Urvertrauen als vielgeliebter Sohn Gottes! Und auch **wir sind berufen, als vielgeliebte Kinder unseres himmlischen Vaters zu leben!** Wer geliebt lebt, braucht nicht mehr um Position und Anerkennung zu kämpfen. Der kann in dem ruhen, was zu ihm gehört und ihn ausmacht. Der kann zu sich selbst stehen, zu eigenen Stärken und Grenzen. Der hat seinen festen Halt gefunden, und zwar nicht im *Machen und Tun*, sondern im *Sein und Leben!* Der hat das Ja-Wort der Liebe gehört, das man sich selbst nicht sagen kann. Es kam von außen auf ihn zu – aus dem Mund des liebenden Abba-Vaters!

Zum persönlichen Weiterdenken ...

? Frage Dich: Wer bin ich? Wie sehe ich mich? Mit welchen Worten würde ich meine Identität umschreiben? Was ist mein bestimmendes Lebensgefühl?

? Was löst bei Dir der Satz „Ich bin Papas Liebling!" aus? Kannst Du Dich an Situationen in Deinem Leben erinnern, wo Du Dich als absolut geliebt empfunden hast? Wie erreichen Dich die Ja-Worte Deines himmlischen Vaters?

? Hast Du dieses Ur-Vertrauen, Geliebt-zu-sein, in Deiner Familie kennengelernt? Wie hat sich das geäußert? Und falls nicht, was hat das mit Deiner Einstellung zum Leben gemacht?

Kapitel 10

Ein weites Land

Weil Kinder noch nicht so gut lesen können, hat uns unser Vater im Himmel ein Bilderbuch geschenkt, in dem ER uns alles Wichtige mitgeteilt hat. Das ist die Bibel! **Die Bibel ist das Bilderbuch der Kinder Gottes!** Ein Buch voller wunderbarer Geschichten, spannender Erzählungen, lebendiger Biografien, weiser Worte und bunter Bilder zum Anschauen. Alles, was zwischen Himmel und Erde bedeutsam ist, hat der Vater hier schon mal erwähnt; ER malt es mit ein paar einfachen Pinselstrichen vor unsere Augen und holt es bei passender Gelegenheit hervor. Es ist so kinderleicht, dass selbst kleine Erdenbürger die göttliche Wahrheit darin entdecken können – und so verborgen, dass es den klügsten Köpfen den Zutritt verweigert! Dieses Buch will mit **geöffneten Augen des Herzens** gelesen und betrachtet werden! Nur *Begeisterte* (wir brauchen also Gottes Geist!) und *Enthusiasten* (wörtlich: „Menschen, die ganz in Gott sind"!) werden die Liebesbotschaften Gottes darin finden und für sich selbst empfangen!

Dem aufmerksamen Leser, oder besser gesagt: **Betrachter der Bibel**, wird schon bald auffallen, dass die allermeisten Begebenheiten, von denen der Vater hier berichtet, ziemlich eigenartig sind. Ja, fast alle Geschichten laufen nach ähnlichem Muster ab: Gott führt den Menschen an die Grenze des Selbst-Machbaren. Ganz nach dem Motto: *Halleluja – es ist nicht zu schaffen!*

Alle menschlichen Versuche müssen scheitern; sie verschlimmern oftmals nur noch das Desaster. Wie ein Kind, das Hilfe braucht, kehrt der Mensch zu seinem Gott um und lässt sich retten. Erst jetzt wird sichtbar, was dieser Gott alles kann und wie sehr ER SEINE Menschenkinder liebt. Auf dem dunklen

Hintergrund von Kämpfen, Schuld und Leid erstrahlt schließlich die Macht der Liebe des Himmels in noch schöneren Farben der Herrlichkeit.

Immer wieder höre ich unter Christen die Frage, wozu wir noch das Alte Testament brauchen. Denn für viele **Oberflächen-Leser**, die sich der Bibel nicht mit dem Herzen eines Kindes nähern, tun sich hier **eine Reihe von Fragen und Zweifel** auf: *Wie kann ein Gott der Liebe nur so blutrünstig und gemein sein? Wird hier nicht zu menschlich von Gott gesprochen? Sind nicht die Wunder-Geschichten eine Zumutung für den aufgeklärten Menschenverstand?* Nichts scheint zu passen: weder Gottesbild, noch Menschenbild, noch Weltbild!

Schade für alle, die nicht tiefer blicken können! **Für die Tiefgänger eröffnet sich nämlich eine völlig andere Sicht der Dinge! Kinderaugen erblicken in der ganzen Bibel ... ein weites Land!** Eine weit geöffnete Tür. Ein Portal zu Gottes Realität. Eine wundersame Verbindung zwischen Himmel und Erde – auch und gerade im Alten Testament; so wie natürlich im Neuen Testament, wo uns die Liebe Gottes in Jesus Christus eindrücklich vor Augen gemalt wird! Das heißt nun nicht, dass schon alle Geheimnisse gelüftet wären, keine Fragen und Rätsel mehr übrig blieben und sich alle Knoten von allein auflösten! Die Bibel ist das lebendige Buch unseres lebendigen Vaters! Wir folgen keinen toten Buchstaben (hoffentlich!), sondern leben in einer liebevollen Beziehung zu Abba-Vater, der zu uns redet. **Wir lesen nicht nur die Bibel, wir leben sie!** Wer die Bibel von außen analysieren will, wird keinen Eingang finden, der muss draußen bleiben. Wir sehen uns nicht nur einen Film im Kino an. Wir sind selbst Teil dieser Geschichte Gottes. Wir sind mittendrin *im Film des Lebens!*

Deshalb glauben die Kinder Gottes, dass durch alles Aufgeschriebene und Aufgemalte in der Bibel, aber auch durch jede Kleinigkeit, die sich in unserem Alltag ereignet, der Vater SICH uns nahen will! Alles kann und will zu einem Reden Gottes werden. Die ganze Welt steckt voller Botschaften SEINER Liebe! Überall kommt ER uns entgegen und streckt SICH liebevoll nach uns aus. Zeit und Raum sind erfüllt mit Zeichen SEINER Agape. Wie Hinweisschilder weisen sie uns den Weg! Alles, absolut alles, kann zu einem Gleichnis, Beispiel, Symbol werden – wie eine Tür, durch die wir das weite Land SEINER Liebe betreten! Wir müssen noch einmal neu hinschauen und die Bibel mit anderen Augen lesend miterleben!

Besonders eindrücklich ist die **Geschichte Israels**!

An Israel, dem Volk Gottes, können wir beobachten und lernen. Israels ganze Existenz ist prophetisch-zeichenhaft. Da ist nichts zufällig oder unbedeutend. Israel lebt und erlebt die Liebe Gottes in allen Alltäglichkeiten, aber auch in allen Irrungen und Wirrungen. Die Israeliten haben kein eigenes Territorium. Nur bei Jahwe ist ihr Zuhause. ER stellt ihre Füße auf weites Land (vgl. Psalm 18). ER verheißt ihnen ein Land, in dem Milch und Honig fließen. Wenn wir die Berichte lesen und nachempfinden, wie das Volk Israel dieses versprochene Land einnimmt, kommen wir aus dem Staunen nicht heraus.

Die ganze **Landnahme** ist eine **Aneinanderreihung von Unmöglichkeiten**!

Zwischen dem Versprechen Gottes und der Erfüllung liegen vierzig lange Jahre Wüstenwanderung. Gott sei Dank wissen die Israeliten das nicht, als sie losmarschieren. Sie kennen weder den Weg, noch das Ziel, nur in etwa die Richtung. Sie sind absolut nicht vorbereitet auf die zahlreichen Gefahren, die auf sie warten. Sie kennen weder die Feinde, noch wissen sie, wie man sie besiegen kann. Sie haben keine Ahnung, wo sie Nahrung und Wasser herbekommen sollen, geschweige denn, wie sie zu Fuß durchs Rote Meer kommen werden. Sie haben keine Medizin gegen irgendetwas. Sie sind absolut hilflos, ahnungslos, schutzlos und maßlos überfordert!

Das bedeutet vierzig Jahre übernatürliche Versorgung mit Brot, Wasser und Fleisch. Vierzig Jahre Schutz und Bewahrung. Dann haben sie endlich fast das Ziel erreicht und müssen feststellen: In ihrem *Verheißenen Land* wohnen sieben feindliche Völker, die allesamt stärker sind als Israel. Die Feinde leben in befestigten Städten, die als uneinnehmbar gelten (siehe Jericho). Und das Volk Israel hat keine Ahnung von Kriegsstrategie, besitzt keine Waffen und ist dazu auch noch in der Unterzahl. Ferner liegt zwischen ihnen und dem weiten Land ein reißender Fluss, der Jordan, den man irgendwie überqueren müsste, aber wie? Und überhaupt, was soll das Ganze? Was wollen sie, als Nomadenvolk, mit Häusern, Feldern und Weinbergen anfangen? Sie kennen sich damit doch überhaupt nicht aus. Ja, sie hatten sich das Land, in dem *Milch und Honig* fließen, etwas anders vorgestellt!

Genauso kann uns es manchmal ergehen! Da haben wir eine **Zusage Gottes**. Voller Hoffnung marschieren wir drauflos, das Ziel vor Augen. Dabei haben wir keine Ahnung von gar nichts, wie sich bald herausstellt. Wir wissen nicht, wie wir die Hindernisse auf dem Weg überwinden können. Wir haben nicht die notwendigen Ressourcen. Und auch die Strategien, die wir uns menschlich zurechtgelegt haben, sind völlig ungenügend. Die Probleme erdrücken uns. Wir fühlen uns überfordert und so verletzbar. Es ist einfach nicht zu schaffen!

Wenn es uns so ergeht, sollten wir uns spätestens jetzt an Israel erinnern. Dann sollten wir das Bilderbuch der Kinder Gottes aufschlagen und näher betrachten: *Wie sind die Israeliten in ihr Land der Verheißung gekommen? Wie haben sie das gemacht? Oder besser gesagt: Wie sind sie damit umgegangen, es nicht selbst machen zu können?* Liegt da womöglich auch ein **Schlüssel des Segens** für uns?

Bei Licht betrachtet ist das **ganze Szenario derartig absurd**! Mir kommt es so vor, als ob Gott mit der Geschichte Israels – wie auch mit unseren eigenen Ohnmachts-Erlebnissen – nur eine Absicht verfolgt, als wolle ER sagen: *„Na, wann merkt ihr es denn endlich?! Es ist doch menschlich nicht zu schaffen! Ihr braucht MICH! Ihr habt weder Mittel, noch Wege, in eigener Kraft das Ziel zu erreichen! Euer Verheißenes Land könnt ihr nur auf MEINE Art erobern! Zugegeben, MEINE Maßnahmen werden euch unlogisch und unkonventionell vorkommen. Da müsst ihr MIR schon vertrauen! Aber am Schluss werdet ihr sehen: Sie wirken! ICH wirke! ICH werde für euch kämpfen und ihr werdet still sein! ICH mache das für euch! ICH schaffe Wege, wo keine sind!"*

> *„Nicht durch Macht und nicht durch Kraft, sondern durch meinen Geist! spricht der Herr der Heerscharen"* (Sacharja 4,6).

Wir betrachten Israel und lernen dabei: Gott muss selbst auf SEINE Art eingreifen, anders wird es nicht funktionieren!

Man hält einen Holzstock in die Luft und die Wassermassen des Roten Meeres türmen sich zu beiden Seiten auf. Man schlägt einmal gegen den Felsen und eine Quelle sprudelt daraus hervor. Mit erhobenen Händen greift man betend in den Himmel und die Feinde werden besiegt. Man baut ein Zelt in der Wüste auf und die Herrlichkeit Gottes kommt herunter und lagert sich darauf. Dreizehn Mal zieht man um die Festung des Feindes, feiert dabei schon mal Gottes Sieg, und die Mauern fallen um.

So wenig wie das Volk Israel sich aus eigener Kraft aus der Sklaverei befreien konnte, so wenig kann es sich selbst helfen, das weite Land zu erobern, geschweige denn darin zu leben!

Aber dort, wo Gottes Volk vertrauensvoll das tut, was der Vater ihm sagt, da ereignet sich das Wunder! Ihre Füße stehen auf weitem Land. Die Tür zum Himmel öffnet sich. Die göttlichen Lösungen kommen zum Vorschein. Die Kräfte der unsichtbaren Welt treten hervor und verändern alles. Hier ist Beth-El, die Himmelsleiter, das Portal zur herrlichen Liebe unseres Abbas.

Es bedarf aber jedes Mal eines Aktes kindlichen Vertrauens! Ohne Vertrauensschritte erreichen wir nicht das Ziel! Der Vater malt uns den Weg vor Augen. Das kann uns oftmals ganz schön verrückt erscheinen. Mit Zeichenhandlungen und unsinnigen Aktionen, wie sie nur Kindsköpfe sich erdenken können. **Gott demütigt den Verstand von uns *großen* Leuten, um das Herz eines *kleinen* in uns zu erwecken.** Wir müssen kleiner werden, damit ER groß sein kann! So tun wir gut daran, Israel auf den altbewährten Wegen nachzugehen. Schon einmal oder sogar mehrmals hat sich hier an diesen Orten der Himmel auf Erden ereignet. Wenn auch wir uns aufmachen und uns voller Vertrauen nahen, werden wir es mit eigenen Augen sehen, schmecken und erleben – das weite Land!

Auch unser Alltagsleben müssen wir mit den erleuchteten Augen des Herzens neu betrachten lernen! Auf einmal kann alles um uns herum zu einem Bilderbuch der Liebe des Vaters werden.

> *„der <u>Vater</u> der Herrlichkeit (...) schenke euch erleuchtete <u>Augen</u> des Herzens"*   (Epheser 1,18; eigene Übersetzung).

Wir werden überall die Spuren SEINER Liebe entdecken. An den verschiedensten Orten und bei den unterschiedlichsten Möglichkeiten werden wir **Kontaktpunkte des Himmels** ausfindig machen. SEINE Liebe wird uns mitten in scheinbaren Banalitäten überraschen. Mit David werden wir sagen: *„Die ganze Welt ist voll deiner Güte!"* (nach Psalm 33,5). Wir müssen nur die Augen aufmachen und richtig hinschauen, beziehungsweise die richtigen Zugänge finden und die nötigen Schritte wagen.

Einen wesentlichen Schlüssel halten wir bereits in den Händen: Wo unsere Möglichkeiten aufhören, fangen Abbas Möglichkeiten erst an! Unsere Verlegenheiten sind Papas Gelegenheiten! Das lehrt uns die Bibel. Und das will uns der Heilige Geist an jedem neuen Tag beibringen.

Die Voraussetzung dafür ist demnach ganz simpel:

Unser Vater im Himmel führt uns bis an unsere Grenzen und weit darüber hinaus, damit wir SEINE wunderbare Macht der Liebe in Aktion kennenlernen.

Eine Frau aus unserer Gemeindefamilie hat das einmal in einem prophetischen, inneren Bild gesehen. Sie sah sich selbst an einem tiefen Abgrund stehen und hörte, wie der Vater im Himmel zu ihr sagte: *„Geh nur weiter im Vertrauen, mein Kind! Wag den nächsten Schritt, ohne zu wissen wie."* So holte sie tief Luft, schloss ihre Augen und machte einen großen Schritt nach vorne ins scheinbare Nichts, still bei sich denkend: *,Im schlimmsten Fall stürze ich in die Tiefe. Dann muss mich der Vater dort halt wieder auffangen ...!'* Aber als sie die Augen wieder öffnete, war sie nicht im freien Fall, sondern Gottes riesige, überdimensionale Hand hatte sich vor den Abgrund geschoben. Nun stand sie sicher darauf. Der Vater sagte: *„Geh nur weiter, mein Kind!"* Kurze Zeit später stand sie wieder am Ende der Handfläche. Und ER sagte: *„Vertraue mir! Geh weiter!"* Und als sie das tat, war die andere Hand Gottes schon da, auf der sie weiterlaufen konnte. So ging es immer weiter ... den ganzen Weg über den Abgrund, getragen auf SEINEN Händen.

Zum persönlichen Weiterdenken ...

? Welche biblische Begebenheit fällt Dir ein, die für Deinen Verstand besonders herausfordernd klingt? Was lässt sie in Deinen Augen so verrückt erscheinen? In welchen biblischen Personen und Geschichten entdeckst Du Deine momentane Lebenssituation wieder? Was kannst Du daraus lernen?

? Wo stehst Du an einem Abgrund von Unmöglichkeit und müsstest den nächsten Schritt im kindlichen Vertrauen wagen? Wie sollte dieser Schritt aussehen? Und was hörst Du den Vater zu Dir sagen?

? Wo hast Du in letzter Zeit die Spuren der Liebe Gottes in Deinen Alltäglichkeiten wiederentdeckt? In welchen Bereichen fällt es Dir leichter, SEINE Spuren zu sehen, und wo brauchst Du noch mehr erleuchtete Augen des Herzens? Wo ist Dein Leben an sich schon ein „Zeichen und Wunder"?

Kapitel 11

Auf dem Wasser laufen

Unser Abba-Vater ist der Aller-Allergrößte! ER allein ist wahrer Gott! ER ist der Herr des Himmels und der Erde! Durch IHN ist alles geschaffen worden. ER ist Ursprung und Ziel der Schöpfung; SEIN „*Ruach*" – *Atem* erhält alles am Leben. ER hält das ganze Universum in SEINER Hand. Und so auch unser kleines Leben! ER hat die Spielregeln entworfen und kann sie jederzeit wieder außer Kraft setzen. ER regiert über Atome und Milchstraßen. ER herrscht über alle Naturgewalten, ebenso wie über alle Mächte und Kräfte der unsichtbaren Welten. *Meinem Gott ist alles möglich! Mein Papa kann einfach alles!* So schwärmen nicht nur SEINE verliebten Kinder, das bezeugen Himmel und Erde und darauf leistet Gott selbst SEINEN heiligen Schwur:

> „*Siehe, ich bin der Herr, bin der Gott alles Fleisches; sollte mir irgendetwas <u>unmöglich</u> sein?"* (Jeremia 32,27).

> „*Bei den Menschen ist dies unmöglich bei Gott sind <u>alle Dinge</u> <u>möglich</u>"* (Matthäus 19,26).

> „*Bei Gott ist kein Ding <u>unmöglich</u>"* (Lukas 1,37).

> „*Abba, Vater! Alles ist Dir <u>möglich</u>"* (Markus 14,36).

Gottes Allmacht, SEINE unfassbare Größe und Majestät werden sichtbar in der ganzen Schöpfung. Die Himmel erzählen die Ehre Gottes. Alles Geschaffene der sichtbaren und unsichtbaren Welt jubelt IHM zu, wie herrlich ER ist.

SEINE Weisheit und SEIN vollkommener Ratschluss werden offenbar in all SEINEN Plänen und Gedanken. **Gottes Wort** ist ebenso ein Spiegel dieser göttlichen Harmonie und himmlischen Vollkommenheit. SEINE Worte haben die Kraft, ins Leben zu rufen. Sie erzählen von den machtvollen Taten und Rettungswundern der Vergangenheit. Sie bezeugen SEIN **Wirken als Schöpfer, Erlöser, König und Vater-Freund von Ewigkeit zu Ewigkeit! SEIN Charakter und Wesen, SEIN Wort und SEINE Taten verkünden es gemeinsam: Unser Gott regiert! IHM ist alle Macht gegeben im Himmel und auf Erden!**

> *„Denn dein ist das Reich und die Kraft und die Herrlichkeit in Ewigkeit"* (Matthäus 6,13).

> *„Mir ist gegeben alle Macht im Himmel und auf Erden"* (Matthäus 28,18).

> *„Dieser [Jesus] ist das Ebenbild des unsichtbaren Gottes, der Erstgeborene, der über aller Schöpfung ist. Denn in ihm ist alles erschaffen worden, was im Himmel und was auf Erden ist, das Sichtbare und das Unsichtbare, seien es Throne oder Herrschaften oder Fürstentümer oder Gewalten; alles ist durch ihn und für ihn geschaffen, und er ist vor allem, und alles hat seinen Bestand in ihm. Und er ist das Haupt des Leibes, der Gemeinde, er der der Anfang ist, der Erstgeborene aus den Toten, damit er in allem der Erste sei. Denn es gefiel Gott, in ihm alle Fülle wohnen zu lassen und durch ihn alles mit sich selbst zu versöhnen (...)"* (Kolosser 1,15-20).

Die Wunderberichte der Bibel bieten lediglich kleine Hinweise auf Gottes grenzenlose Allmacht! Sollte der, der alles erfand und bewegt, nicht auch die Macht haben, alles *etwas anders laufen* zu lassen?!

Das ganze Leben Jesu ist Ausdruck dieser göttlich-natürlichen Übernatürlichkeit! SEINE Geburt ist *göttlich-übernatürlich*, SEIN Leben und Dienen sind geprägt von *Zeichen und Wundern*, SEIN Sterben und SEINE Auferstehung sind alles andere als *irdisch-normal!* Jede Seite in den Evangelien und in der Apostelgeschichte gibt ausreichend Anschauungsunterricht über den **Lebensstil**, der **im Königreich Gottes** als *himmlisch-normal* angesehen wird! Die Begrenzungen einer von Sünde, Krankheit und Tod gezeichneten Welt gelten nicht mehr uneingeschränkt für vielgeliebte Kinder Gottes. Der Sohn Gottes lebte es uns zuerst vor, SEINE Jünger und Apostel machten es IHM nach, und jetzt sind wir dran!

Im Königreich unseres Vaters, wo der Himmel die Erde berührt, ist es *himmlisch-normal*, wenn die Gesetzmäßigkeiten dieser Welt durchkreuzt werden von den Kräften der unsichtbaren Welt Gottes: Da müssen Krankheiten verschwinden, da kann es passieren, dass Wasser zu Wein wird, Brote und Fische sich vermehren, da kehren Tote ins Leben zurück und finstere Mächte müssen fliehen, da kann man Feinde lieben lernen und die schlimmsten Sünden verzeihen, da gibt es Hoffnung für Verzweifelte und offene Arme für die Ausgestoßenen, da genügt ein Machtwort, um einen Sturm zu stillen, da kann auf Wasser laufen sogar Spaß machen ...!

Apropos **auf Wasser laufen!** Diese Wunder-Geschichte Jesu finde ich besonders krass! Nirgendwo sonst hören wir davon, dass Menschen über Wasser laufen können und dabei die Naturgesetze überwinden – nur bei Jesus! Denn ER ist ja der Herr über alle Mächte, Gewalten und Gesetzmäßigkeiten! Wir können das nachlesen in Matthäus 14, 22-33 (Parallelstellen: Markus 6,45-56; Johannes 6,15-21). Das ist doch nun wirklich eine Geschichte nach dem Motto: *Halleluja, es ist nicht zu schaffen!* Aber mit Jesus geht es dann doch ... irgendwie!

Was mir beim **Studium dieser Geschichte** auffällt:

Es wird Abend und Jesus *nötigt* die Jünger, ER drängt sie geradezu, mit dem Boot über den See zu fahren. Ja, hat ER denn nicht den Sturm im Voraus kommen sehen? Und wenn ja, warum treibt ER sie dann scheinbar mitten in ihr Unglück hinein?

Was macht ER jetzt? Jesus geht weg; ER lässt die Jünger allein *und steigt auf einen Berg zum Beten.* ER sucht die Zweisamkeit mit Abba, so wie ER das täglich macht. Von dort oben hat ER den perfekten Überblick und kann mit ansehen, was sich da unten auf dem See zusammenbraut. ER sieht, wie SEINE Freunde in Not geraten. Dennoch wartet ER ab. Die ganze dunkle Nacht hindurch bis zur Morgenwache, gegen 3 Uhr im Morgengrauen. Jetzt erst macht ER SICH auf den Weg und geht zu Fuß über das Wasser, mitten durch den Sturm.

Als Jesus beim Boot der Jünger ankommt, *verhält ER SICH so, als wolle ER vorübergehen.* Auch das noch! Schlimm genug, dass die Jünger in Todesängsten wie verrückt um ihr Leben rudern und dabei nicht vom Fleck kommen. Vor Schreck sehen sie schon Gespenster und schreien vor Angst, als sie eine Gestalt über die Wellen laufen sehen. Das ganze Szenario muss der absolute Horror für die Freunde Jesu gewesen sein! Was für einen Glaubenstest mutet ER ihnen da zu?! Der Meister erspart ihnen nichts! ER hat alles kommen sehen, ER weiß um den Sturm und die Gefahr. ER sieht die eigenen Rettungsversuche. Aber ER lässt SICH Zeit mit SEINER Hilfe, bis die Kräfte der Jünger am Ende sind. Dann erst macht ER Sich auf und kommt zu ihnen. Und selbst jetzt noch ist SEIN Eingreifen kein Automatismus. ER will gerufen werden. ER will gebeten sein. SEINE Hilfe muss begehrt werden, sonst geht ER weiter!

Wie tröstlich klingen die Worte Jesu: *„Seid guten Mutes! ICH bin es doch! Fürchtet euch nicht! … Habt keine Angst! ICH war doch die ganze Zeit bei euch! ICH habe die Not kommen sehen. ICH war beim Vater für euch und habe für euch gebetet. ICH bin euer Immanuel – der Gott, der euch niemals verlässt, noch versäumt, der niemals zu spät kommt! Das alles geschieht doch nur, damit euer Vertrauen zu MIR umso tiefere Wurzeln bekommt!"*

Und wieder einmal ist es Petrus, der in seiner impulsiven Art aus der Reihe tanzt. Oftmals wird er in dieser Geschichte als der *sinkende Petrus* bezeichnet – aber ich finde, wir sollten ihn den *mutigen Petrus* nennen. Schließlich ist er der einzige von allen Jüngern, der das Boot der scheinbaren Sicherheit verlässt und sich aufs Wasser hinauswagt. Er will einfach nur da sein, wo sein Jesus ist! Und genau darum geht es!

Als er auf Wind und Wellen schaut, verlässt ihn der Mut und Petrus geht unter. Doch sobald er nach Jesus ruft, ergreift ihn die Hand seines Meisters. *Sofort* ist Jesus bei ihm und zieht ihn heraus. *„Du, Kleingläubiger, warum hast du gezweifelt?!"* Kleinglaube bedeutet nicht Unglaube, sondern lediglich: *„Dein Glaube muss wachsen! Dein Vertrauen in MICH muss noch viel stärker werden!"*

Ja, mit Jesus auf dem Wasser laufen macht wirklich Spaß!

Gewiss wird Petrus diesen Augenblick sein ganzes Leben lang nicht mehr vergessen haben! Er wird sich an den Sturm und an die Todesängste erinnern, aber auch an das unbeschreibliche Gefühl, mit Jesus zusammen über die Wellen zu gehen! **So ist das immer: Unsere Notlagen sind steile Vorlagen für Gottes Wunder-Geschichten!** Abba sieht die Stürme unseres Lebens schon lange zuvor. In SEINER Weisheit und Liebe erlaubt ER, dass Herausforderungen in passender Dosierung auf uns zukommen. Sie sind keine *Versuchungen* Gottes, denn unser liebender Vater führt keines SEINER Kinder in Versuchung. Versuchung schickt der Vater der Lüge. **Mit Glaubensherausforderungen segnet uns der Vater der Liebe.**

> *„Niemand sage, wenn er versucht wird: Ich werde von Gott versucht. Denn Gott kann nicht versucht werden zum Bösen, und er selbst versucht auch niemanden"*   (Jakobus 1,13).

Insofern wäre die Bitte im Vaterunser-Gebet: *„und führe uns nicht in Versuchung"* (Matthäus 6,13) besser folgendermaßen sinngemäß übersetzt: *„und führe uns so durch die Versuchung hindurch, dass sie uns nicht von dir abbringt".*

Diese **Testeinheiten** sind dazu da, unsere Glaubensmuskeln wachsen zu lassen. Sie sind gut für Wachstums-Stimulation. Ohne Training gibt es keine Kondition! Die Stürme des Lebens dienen dem Muskelaufbau-Programm unseres inneren Menschen. Wir können darin die Nähe und fürsorgende Liebe unseres Vaters besser kennenlernen! Damals lernten die Jünger, nicht ihrer eigenen Ruderkraft und Seemannserfahrung zu vertrauen, sondern bei Jesus Rettung und Hilfe zu suchen. Wer zu Jesus kommt, findet den wahren Zufluchtsort in allen Stürmen. Und manchmal gehört *auf dem Wasser laufen* eben dazu. Doch wir suchen nicht zuerst das Wunder, Naturgesetze außer Kraft zu setzen, sondern wir suchen zuerst **das Wunder SEINER Nähe!**

Zum persönlichen Weiterdenken ...

? Wo erlebst Du die Größe und Allmacht Gottes am stärksten? Was macht das mit Deinem Herzen? Wie ist Deine Reaktion darauf?

? Kannst Du Dich an einige Wunder-Geschichten Deines Lebens erinnern? Was war jeweils die vorangegangene Situation, die das Eingreifen Gottes erst nötig machte? Kannst Du innere Zusammenhänge feststellen?

? Welche Wunder der Bibel sprechen Dich besonders an? Welche Lektion lernst Du aus dem Leben der biblischen Personen? Gibt es Vorbedingungen für das wunderbare Wirken Gottes? Wie kann man Wunder Gottes im eigenen Leben fördern oder verhindern?

Kapitel 12

Mehr als genug

Das **Lebensgefühl vieler Menschen** auf der Welt ist der Überschrift dieses Kapitels genau entgegengesetzt:

> *Es reicht nicht!*
> *Irgendwie reicht alles nicht aus!*
> *Es ist nicht zu schaffen!*

Wichtige Ressourcen wie das Erdöl werden knapp. Selbst verschuldete, irreparable Klimakatastrophen wie das Ozonloch jagen Angst ein. Ethnische Konflikte und ungerechte Verteilung von Wohlstand breiten sich aus. Politische Führer wirken hilflos im Strudel von Bankenkrisen und sozialer Brandherde. Bange Fragen treiben die Menschen um: Wer wird im Alter für mich sorgen? Wird auf dieser Erde noch genügend Platz, Nahrung und Wasser vorhanden sein für die nächsten Generationen? Wer hat den passenden *Rettungsschirm* für die aktuellen Nöte?

In einer globalisierten Welt dringen die weltweiten Probleme hautnah und rasant ins Wohnzimmer der eigenen kleinen Gefühlswelt. Terror, Kriege, Naturgewalten, Verbrechen und Korruption gehören mittlerweile zur täglichen Begleitmusik unseres Lebens. Wie sollen unsere kleinen Seelen nur damit fertig werden? Sie sind völlig überfordert! Wer kann die Bilderflut noch ertragen, ohne dabei abzustumpfen? Wer hat innerlich freie Kapazitäten, so viel gebündeltes Menschenleid ans eigene Herz heranzulassen?

Das laufende Jahrhundert wird als Informations-Zeitalter in die Geschichte eingehen!

Die Neuen Medien und schnellen technischen Entwicklungsschübe haben es dazu gemacht. Laptop, Handy, Tablet, HD-TV ... und was wird da nicht noch alles kommen? Kaum einer kann sich dieser Entwicklung entziehen. **Wer nicht mit der Zeit geht, muss mit der Zeit gehen!** (So würde es jedenfalls mein Sohn Steffen ausdrücken.) Soziale Netzwerke wie *Facebook*, Kommunikationswege wie SMS oder *Twitter,* modernste Spielzeuge wie Tablets – unsere Welt hat sich innerhalb von nur wenigen Jahren epochal verändert und diese **technische (R)Evolution** wird sich in den nächsten Jahrzehnten quantensprungartig weiter fortsetzen. Wir gehören zu den bestinformiertesten Menschen, die jemals auf dem Erdball gelebt haben. Das gesamte Wissen der gesamten Menschheit ist theoretisch und praktisch jederzeit für uns zugänglich. **Alle Antworten, die die Menschheit bisher gefunden hat, sind nur einen Mausklick weit von uns entfernt!** Das ist wie *Die Sendung mit der Maus* – nur für Erwachsene! Überall werden die verführerischen Früchte vom *Baum der Erkenntnis* feilgeboten. Überall tönt es uns entgegen: *Wissen ist Macht! Information ist Macht! Kommunikation ist Macht! Neuigkeiten sind Macht! News! News! News!*

Verzweifelt versucht sich der säkulare Zeitgenosse dem Super-GAU des Informations-Tsunamis, der da unerbittlich auf ihn zurollt, entgegenzustemmen. **Zum seelischen Ausgleich erschafft er sich seine kleine, private Hemisphäre** aus individuellen Musiktiteln und Lieblings-Filmgeschichten auf dem Player, stundenlangem Surfen im Internet und gigantischen PC-Spielen, die ihn Zeit und Raum vergessen lassen. **Bilderbücher** in Ton und Farbe für die müde Seele von Erwachsenen, die zu viel mit ansehen mussten. Neue Eindrücke sollen die anderen Eindrücke überzeichnen, mit denen unser innerer Mensch so maßlos überfordert ist. Und dann kann es passieren, dass sich Frauen beim Shoppen im Internet in Kleider und Schuhe vergucken und Männer ihre Blicke auf die Kurven nackter Körper oder schnittiger Autos werfen. Die Früchte vom *Baum der Erkenntnis* sind eine **Augenlust!** *Was siehst Du? Was betrachtest Du? Mit welchen Bildern und Eindrücken füllst Du Dich? Was prägt Dein Denken? Wofür öffnest Du Deinen Blick und damit Dein Herz?* – Das sind ganz entscheidende Fragen unserer Zeit!

Glauben heißt Sehen! Die Bibel sagt uns, dass wir ein neues Sehen brauchen. Unsere normalen Augen reichen dafür nicht aus. Paulus spricht von den **geöffneten Augen des Herzens:**

„(...) er [der Vater der Herrlichkeit] *gebe euch <u>erleuchtete Augen des Herzens</u>"* (Epheser 1,18; ELB).

So oft lesen wir das kleine Wort *„<u>Siehe!</u>"* als wiederholte Aufforderung an die Männer und Frauen Gottes:

„<u>Siehe</u>, Ich wirke Neues, jetzt sprosst es hervor (...)" (Jesaja 43,19).

„<u>Siehe</u>, das Lamm Gottes (...)" (Johannes 1,29).

Sie mussten lernen, mit anderen Augen genauer hinzuschauen, sonst hätten sie Gottes Hilfe verpasst. Gott überwand in ihnen immer wieder die geistliche Kurzsichtigkeit oder gar Blindheit, sodass sie die himmlische Realität sehen konnten. Sonst wären sie im vordergründigen Hier und Heute, das ihnen den Blick verstellt, stecken geblieben. Sie brauchten die Augensalbe Gottes, um im Glauben richtig hinsehen zu können (vgl. Offenbarung 3,18; 2. Könige 6,16-17).

Glaube ist die Sichtweise Gottes. Glaube ist also keine fromme Leistung, sondern eine innere Haltung. Es ist weniger *ein Tun*, als vielmehr *ein Sein*. Ein Beziehungswort. Wir setzen die Welt mit Gott in Beziehung. Wir lernen, sie mit SEINEN Augen zu betrachten. Damit können wir weiter, tiefer und höher sehen – wir schauen über die normalen Umstände hinaus. Der Vater zeigt uns die andere Perspektive des Himmels. Jetzt erst erschließt sich für uns die ganze Dimension der Wahrheit.

„(...) da wir nicht auf das Sichtbare <u>sehen</u>, sondern auf das <u>Unsichtbare</u> (...)" (2. Korinther 4,18).

„Es ist aber der <u>Glaube</u> eine feste Zuversicht auf das, was man hofft, eine Überzeugung von Tatsachen, die man nicht <u>sieht</u>" (Hebräer 11,1).

„(...) glückselig sind, die nicht <u>sehen</u> und doch <u>glauben</u>" (Johannes 20,29).

Auch hierbei ist **Jesus unser Vorbild**! Jesus sieht diese Welt durch die Augen SEINES himmlischen Vaters – *„der Vater, der ins Verborgene sieht"* (Matthäus 6,4) – und das macht den Unterschied!

„Als aber Jesus ihren Glauben sah (...)" (Markus 2,5).

„Und als Jesus von da weiterging, sah er einen Menschen an der Zollstätte sitzen (...)" (Matthäus 9,9).

„Und als er näherkam und die Stadt sah, weinte er über sie" (Lukas 19,41).

„Der Sohn kann nichts von sich selbst aus tun, sondern nur, was er den Vater tun sieht" (Johannes 5,19).

Jesu Sehvermögen geht über das menschliche Erkennen hinaus. ER weiß, was in den Herzen der Menschen ist und wie das Herz SEINES Vaters schlägt. ER lässt SICH niemals vom ersten Eindruck täuschen. ER beurteilt die Lage auch nicht nach irdisch-äußerlichem Augenschein. Jesus hat stets beide Welten, beide Realitäten im Fokus. ER hat vom Vater Augen zum wahren Sehen und Ohren zum wahren Hören geschenkt bekommen. So lebt ER beständig angeschlossen an die geistliche Welt Gottes. **Mit beiden Beinen auf der Erde, aber mit dem Herzen im Himmel!**

Das brauchen wir auch! Wir brauchen den **Heiligen Geist**, damit ER uns diese neue Sichtweise schenkt: *„Ein hörendes Ohr und ein sehendes Auge, die hat beide der HERR gemacht* [„barah" – Gottes einzigartiges Schöpfungswirken]" (Sprüche 20,12).

Wir brauchen ein geistgewirktes Schöpfungswunder, damit wir geöffnete Augen des Herzens bekommen. Ohne Vision Gottes werden wir mutlos und gehen in die Irre (vgl. Sprüche 29,18). Aber mit dem himmlischen Durchblick des Heiligen Geistes können wir die Gedanken Gottes denken und als himmel-reich-beschenkte Kinder leben.

„Was kein Auge <u>gesehen</u> hat und kein Ohr gehört und keinem Menschen ins Herz gekommen ist, das hat Gott denen <u>bereitet</u>, die ihn <u>lieben</u>" (1. Korinther 2,9).

„...wir aber haben nicht den Geist der Welt empfangen, sondern den <u>Geist,</u> der aus Gott ist, sodass wir <u>wissen</u> können, was uns von Gott geschenkt ist; (...) wir haben den <u>Sinn</u> [„nous" – Gedankenwelt, Sichtweise] *des Christus"* (1. Korinther 2,12; 16).

„Der Herr aber ist der <u>Geist</u>, wo aber der <u>Geist</u> des Herrn ist, da ist Freiheit. Wir alle aber, indem wir mit unverhüllten Angesicht die Herrlichkeit des Vaters <u>anschauen</u> [Anmerkung: das ist die Vaterliebe Gottes, in Jesus geoffenbart] *wie in einem Spiegel, werden <u>verwandelt</u>* [„metamorphose" – transformiert, umgestaltet] *in dasselbe <u>Bild</u> von Herrlichkeit zu Herrlichkeit, nämlich vom <u>Geist</u> des Herrn. (...) Gott (...) hat es auch in unseren <u>Herzen</u> licht werden lassen, damit wir <u>erleuchtet</u> werden mit der Erkenntnis der Herrlichkeit Gottes im Angesicht Jesu Christi"*
(2. Korinther 3,17-18; 4,6).

Vor einigen Jahren bekamen meine Frau Karin und ich einen Flug mit einem Heißluftballon geschenkt. Das war ein unvergessliches Erlebnis! Für uns war es wie ein Gleichnis. Auf einer Wiese neben dem Fußballstadion in Hannover kletterten wir mit anderen Mitreisenden in den Korb. Als der Ballast abgeworfen und die Luft im Ballon erhitzt wurde, stiegen wir in sehr kurzer Zeit senkrecht auf tausend Meter Höhe. In nur wenigen Sekunden veränderte sich unser gesamtes Blickfeld. Von hier oben konnten wir herrlich weit sehen. Wir sahen auf einmal sogar das Steinhuder Meer, das über dreißig Kilometer weit entfernt liegt. Warum hatten wir es am Boden nicht sehen können? Weil dort unten unser Blickwinkel zu klein war! Von hier oben sah alles anders aus. Schon der Liedermacher Reinhard Mey hat vor Jahren entdeckt: „Über den Wolken muss die Freiheit wohl grenzenlos sein ... *und dann würde, was uns groß und wichtig erscheint, plötzlich nichtig und klein!"*

Ich liebe die Aussicht von Türmen, den Panoramablick von Bergspitzen und die grenzenlose Weite des blauen Himmels aus Flugzeugfenstern! Hier erahne ich jedes Mal, dass die wahren Relationen anders aussehen müssen. **Die Welt von oben sehen, das heißt: Klein wird klein und groß wird groß!** Da erfasst mich eine Sehnsucht, dass auch bei mir das klein erscheinen muss, was meinem Gott klein anmutet – und das groß rauskommt, was bei IHM große Bedeutung besitzt!

Wer den Glauben Gottes hat, sieht anders! Der verarbeitet die Informationen, die ihm zur Verfügung stehen, anders. Sein Blickwinkel ist himmlisch, weit-reichend, darüber-stehend. Der sündige Mensch hingegen ist in sich selbst verkrümmt. Um ihn herum herrscht Enge. Er wird durch die Macht der Sünde so verbogen, dass er nur bei sich selbst stecken bleibt. Durch ängstliche Nabelschau oder durch stolze Egozentrik ist seine Sicht völlig verdorben worden. Wo der Gottlose durch Mangel und Sorgen auf dem *Boden der Tatsachen* festgehalten wird, bekommt der Glaubende Aufwind. Im Glauben, in der mutigen Zuversicht auf seinen Freund und Abba-Vater, erhebt sich der Vielgeliebte über die Umstände und beginnt, aufzusteigen wie ein Adler!

Wenn die *Bad News* des laufenden Jahrhunderts hier unten lautet: *Es reicht nicht!,* dann schaut der Gläubige nochmal neu hin, mit den Augen des Vaters, und kommt zu einem völlig anderen Ergebnis. *Die Gute Nachricht* von oben hört sich so an:

> *Halleluja, es ist nicht zu schaffen!*
> *Jedenfalls nicht mit menschlichen Errungenschaften und Mitteln!*
> *Nicht durch Heer oder Kraft – sondern nur durch Gottes Geist!*
> **Halleluja, Papa schafft das!**
> **Bei IHM ist mehr als genug***!*

Wenn wir die **Bibel lesen**, wirkt es manchmal wie ein Kontrastprogramm zu den Horror-Schlagzeilen der täglichen Pressemeldungen. Der Feind Gottes will uns glaubend machen, dass alles den Bach runtergeht. Er will den Eindruck erwecken, dass alles schlimmer wird und es letztlich keine Hoffnung gibt! Aber das ist Lüge! Gottes Wort schenkt uns die nötige **Sichtkorrektur** und **Sehhilfe**, damit wir wieder geradeaus sehen können und durch die Wahrheit den Überblick erhalten. Großes wird groß und Kleines wird klein!

Unser Vater ist wirklich, wirklich groß! ER ist so stark und so mächtig! ER wird niemals müde oder schwach. ER kommt nie ans Ende SEINER Weisheit oder Möglichkeiten. ER kennt keinen Mangel, keine Begrenzung, kein Versagen. Es gibt nichts, vor dem ER SICH sorgen oder ängstigen müsste. Es gibt nichts, mit dem ER nicht fertig werden könnte! Absolut nichts und niemanden!

ER hat immer mehr als genug! ER ist so herrlich reich und außerordentlich großzügig. SEIN ganzes Wesen ist nur Güte und Liebe! Bei IHM herrschen Überfluss und Fülle. Wie gesagt: mehr als genug!

Es stärkt meinen Glauben, wenn ich von Gottes überfließender Fülle lese:

„Gott aber ist mächtig, euch jede Gnade im Überfluss zu spenden, sodass ihr in allem allezeit alle Genüge habt und überreich seid zu jedem guten Werk" (2. Korinther 9,8).

„Mein Gott aber wird allen euren Mangel ausfüllen nach dem Reichtum in Herrlichkeit in Christus Jesus" (Philipper 4,19).

„Er [der Gott und Vater unseres Herrn Jesus Christus] *hat uns gesegnet mit jeder geistlichen Segnung in der Himmelswelt in Christus"* (Epheser 1,3; ELB).

„(...) damit ihr erfüllt werdet bis zur ganzen Fülle Gottes. Dem aber, der weit über die Maßen mehr zu tun vermag, als wir bitten oder verstehen (...)" (Epheser 3,19-20).

Überströmend, überfließend, übergroß, überreich, Übermaß, überwältigend, übersteigend, übertreffend ... es lohnt sich, mit der Konkordanz all die vielen Über-Bibelstellen nachzuschlagen. Unser Abba-Vater ist XXL! ER liebt und gibt am liebsten großartig, verschwenderisch und extraordinär. **Gottes Maß ist Überfluss und Fülle!**

Diese wunderbare Wahrheit müssen wir auf dem Hintergrund zunehmender *Bad News* dringend in Erinnerung behalten. Sie steht fest und wankt nicht, selbst wenn die Zeiten sich ändern und wir zunehmend den Unmöglichkeiten menschlicher Machbarkeit ins Auge schauen, ebenso wie in die hässliche Fratze dämonischer Aktivitäten während der letzten entscheidenden Phase der Menschheitsgeschichte auf Erden. Gottes Kinder sollten aber nicht in die Totenklage der Apokalypse einstimmen, sondern in den frohen Lobgesang des Himmels: „*Groß* und *wunderbar* *sind deine Werke, o Herr, Gott, du Allmächtiger! Gerecht und wahrhaftig sind deine Wege, du König der Heiligen*" (Offenbarung 15,3).

Weil sie aus dem Überfluss ihres himmlischen Vaters leben, brauchen sich Gottes Kinder keine Sorgen um morgen zu machen! Es wird immer genug da sein von der Fülle ihres himmlischen Erbes. Ihr Leben ist ja nicht auf falschen Sicherheiten wie materiellen Werten und menschlichen Versprechungen aufgebaut. Ihr Bekenntnis lautet: *Ein feste Burg ist unser Gott!* Das hört sich auf jeden Fall besser an als: „*Die Rente ist sicher!*" Himmel und Erde werden vergehen – aber Gottes Zusagen bleiben! Wer aus diesem *Overflow* heraus lebt, kann es sich erlauben, auch in Zeiten zunehmender Knappheit überzufließen und weiter zu schenken. Er braucht keine Angst zu haben, am Schluss mit leeren Händen dazustehen. Weil der Vater immer überfließend genug hat, werden auch wir immer genug haben!

Zum persönlichen Weiterdenken ...

? Machst Du in Deinem persönlichen Umfeld auch die Beobachtung, dass Menschen das Empfinden haben, es reiche nicht? Wo ist Dir das schon begegnet und wie hat sich das geäußert?

? Wie ist Dein Umgang mit bzw. Zugang zu den Neuen Medien? Was betrachtest Du gerne? Mit welchen Bildern und Eindrücken füllst Du Dich? Was prägt Dein Denken? Wofür öffnest Du Deinen Blick und damit Dein Herz?

? Kannst Du die Aussage bestätigen, dass der christliche Glaube eine bestimmte Sichtweise widerspiegelt? Fallen Dir Beispiele dazu ein? Wo kannst Du das an biblischen Situationen festmachen?

? Deckt es sich mit Deiner Erfahrung, dass unser Gott ein Gott des Überflusses ist, der immer mehr als genug hat? In welchen Bereichen erlebst Du Mangel? Und wie wirkt sich das auf Dein Glaubensleben aus?

Kapitel 13

Gegen den Strom

Die unausgesprochen-ausgesprochene Botschaft, die uns im 21. Jahrhundert auf allen Kanälen und Frequenzen entgegen schallt, lautet: **Sei stark!**

> *Mach etwas aus Dir! Du schaffst alles, wenn Du nur genug an Dich selbst glaubst! Setz die positiven Energien in Dir frei! Die Welt gehört den Mutigen, Klugen, Reichen und Schönen!*

Dieses Bild wird gefestigt durch zahllose Castingshows und Wettbewerbe. Wir sehen es jede Woche neu auf den Hochglanzbildern der Illustrierten und den Bildschirmen der Massenmedien. Alle verfolgen das gleiche Ziel: *Deutschland sucht den Superstar!* Die TV-Sender suchen *Germany's Next Topmodel* oder *The Voice*. Hollywood sucht den Superhelden! Im Sport sucht man den Superchampion! **Es reicht nicht aus, einfach nur *normal* zu sein!** Entweder man ist überdurchschnittlich erfolgreich oder fällt zumindest durch eine extravagante Schrägheit auf. Der Wert des Menschen wird auf Äußerlichkeiten reduziert: Leistung, Erfolg, Geld, Ruhm, Macht, Aussehen – oder auf Statussymbole, wie: „mein Haus, mein Auto, mein Swimmingpool"!

Über **Jesus** lesen wir etwas ganz anderes:

> „*Er hatte <u>keine Gestalt und keine Pracht</u>; wir sahen ihn, aber <u>sein Anblick gefiel</u> uns <u>nicht</u>. <u>Verachtet</u> war er und <u>verlassen von den Menschen</u>, ein Mann der Schmerzen und mit Leiden vertraut; wie einer, <u>vor dem man das Angesicht verbirgt</u>, so <u>verachtete</u> war er, und wir <u>achteten</u> ihn <u>nicht</u>*"   (Jesaja 53,2-3).

Und in SEINEM **Königreich** herrschen andere Werte:

> „(...) das _Törichte_ der Welt hat Gott erwählt, um die Weisen zuschanden zu machen, und das _Schwache_ der Welt hat Gott erwählt, um das Starke zuschanden zu machen; und das _Unedle_ der Welt und das _Verachtete_ hat Gott erwählt, und das, _was nichts ist_, damit er zunichtemache, was etwas ist" (1. Korinther 1,27-28).

Bei unserem Abba-Vater sieht die Welt völlig entgegengesetzt aus. **Wer in SEINEM Reich lebt, schwimmt gegen den Strom der Meinungsmehrheit. Gott baut SEIN Reich durch _Normalos_.** Es sind die Namenlosen, die bei IHM Geschichte schreiben (ER kennt ihre Namen und das ist genug): die blutflüssige Frau, der Jüngling von Nain, die Frau am Jakobsbrunnen ... ER liebt es, mit solchen Leuten zusammen zu sein. ER umgibt sich mit einfachen Handwerkern und Arbeitern aus der Unterschicht. Ungebildeten Leute, die nicht mal lesen und schreiben können.

Alte Menschen, raubeinige Männer, schwache Frauen und kleine Kinder, Aussätzige, Zöllner, Sklaven, Prostituierte, Menschen vom Rand der Gesellschaft – sie alle folgen IHM nach und ER nennt diese Leute **SEINE Freunde.** Es sind einfache Hirten, die in der Heiligen Nacht als Erste die Gute Nachricht vom Kommen des Messias verkündigen dürfen. Und es sind schlichte Frauen, die am Ostermorgen als Erste zu Predigerinnen der Auferstehungsfreude werden. Ausgerechnet Hirten und Frauen! Beide Gruppen hatten in der Antike vor Gericht kein Aussagerecht. Man traute ihnen nicht viel zu. Sie galten als dumm, geschwätzig oder Schlimmeres noch. Doch unser Vater im Himmel traute ihnen. ER vertraute ihnen das Kostbarste an, was ER hatte – das Evangelium von SEINEM geliebten Sohn!

Bei unserem Gott ist alles etwas gegenläufig! Gegen den Strom! Da wird ein Pharaonensohn zum Hirten (Moses) und ein Hirtenjunge zum König (David). Da wird eine junge, jüdische Frau zur Königin von Persien (Esther) und ein hebräischer Sklave zum Stellvertreter des Pharaos (Joseph). Ein wankelmütiger Fischer und Analphabet wird nach kurzer Zeit als Fels und Säule der Urgemeinde eingesetzt (Petrus) und ein intellektuell-hochbegabter Theologe und Hoffnungsträger wird erst einmal jahrelang in die Wüste geschickt (Paulus). Nein, das passt wirklich nicht in das **Schema dieser Welt,** wie unser Gott da vorgeht! Schwache werden erwählt, Starke werden beschnitten, Feinde werden begnadigt, Versager erhalten immer wieder eine neue Chance. Mittellose und Habenichtse, Verwundbare und Schutzbedürftige, Fehlbare und Unperfekte – das sind die Erwählten Gottes.

Nein, das ergibt alles keinen Sinn! Weil die Feinde in Überzahl sind, wird die eigene Armee nach Hause geschickt (Gideon). Weil kein Wasser in der Wüste zu finden ist, schlägt man gegen einen Felsen (Moses). Weil die Stadtmauern als uneinnehmbar gelten, lobt man Gott schon mal für den Sieg (Josua). Weil der Freund im Sterben liegt, wird mit der Hilfe gewartet, bis er ganz tot ist (Lazarus). Weil die Steuern fällig sind, wird nach dem Fisch mit der Münze im Maul geangelt (Petrus). Weil fünftausend Männer hungrig sind, dankt man schon mal für die fünf Brote und zwei Fische (Jesus). Weil Gott SEIN Volk Israel liebt, schickt ER es in die Sklaverei Ägyptens und in die Verbannung Babylons. Weil Jesus SEINE Brautgemeinde so sehr liebt, lässt ER Druck und Verfolgung zu. Weil der Vater Dich so unwahrscheinlich lieb hat, lässt ER all die Dinge zu, die gerade Dein kleines Leben mächtig umtreiben.

Gottes Reich *wirkt verrückt anders*. **Gottes Reich ist nicht von dieser Welt!** Es ist nicht weltlich angepasst oder stromlinienförmig gleichgeschaltet. Das Königreich unseres Vaters ist provozierend anders herum. Umgekehrt. Deshalb muss der Mensch umdrehen – wie ein Geisterfahrer, der sich auf der falschen Spur des Lebens befindet. Das hebräische Wort für *Buße tun*, *„schub"*, bedeutet **umkehren**, eine 180°-Wende vollziehen. Gottes Wesen und Person geben die Norm vor, nicht der Zeitgeist oder die aktuellen Modetrends der Menschheit. **Abba ist die Quelle des Lebens. Und wer an die Quelle will, muss gegen den Strom schwimmen!**

Der Normale des Himmels wirkt hier auf der Erde ziemlich *außerirdisch*. Jesus, der Sohn Gottes, ist unser Normfall. ER gibt die Norm vor. Sein Leben ist für uns normativ. Die gelebten, schlichten **Worte Jesu** haben Strahlkraft, die über jede Oberflächlichkeit eines gottlosen Lebensstils erhaben ist:

- Selig sind die Barmherzigen, Friedfertigen, Sanftmütigen!
- Liebe Gott und Deinen Nächsten wie Dich selbst!
- Liebt einander, wie ICH euch geliebt habe!
- Liebet eure Feinde und vergebt denen, die euch Böses tun!
- Richtet niemanden!

- Sorgt euch um nichts!
- Sammelt euch keine Schätze auf Erden!
- Geben ist seliger als Nehmen!
- Wer der Größte sein will, soll euer aller Diener sein!
- Werdet wie die Kinder!
- Fürchtet euch nicht!
- Euer Herz erschrecke nicht und verzage nicht!
- Wer sein Leben verliert um MEINETWILLEN, der wird es finden!
- Verleugne Dich selbst und nehme Dein Kreuz auf Dich!
- Ihr werdet die Wahrheit erkennen!
- Glaubt an Gott und glaubt an MICH!
- Bleibt in MIR und ICH in euch!
- Friede sei mit euch!
- ICH bin bei euch alle Tage bis ans Ende der Welt!

Somit wird das Leben in der Nachfolge Jesu zum Kontrastprogramm für jeden Jünger! Wir leben zwar mitten *in der Welt*, sind aber nicht *von der Welt*. Wie unser Meister ein Leben gegen den Strom geführt hat, wird auch unser Leben den Unterschied Gottes verkörpern. Paulus und die Apostel ringen darum, dass die Gemeinde Jesu ihre Salzkraft nicht verliert. Jesus ist das Salz der Erde und das Licht der Welt! So sollen auch wir **Salz und Licht** sein. Beides hat etwas gemeinsam: Schon ein wenig reicht aus, um die Umgebung nachhaltig positiv zu beeinflussen. Eine Prise Salz und das ganze Essen schmeckt anders. Ein kleines Lichtlein und schon muss die Dunkelheit weichen. Jesus ist das Original des Himmels. Wie ER es uns vorlebte, so sieht das wahre Leben aus. Die Gemeinde folgt IHM in SEINEN Fußstapfen.

> „(...) *passt euch nicht diesem Weltlauf an*, sondern lasst euch in eurem Wesen verwandeln durch die Erneuerung eures Sinnes, damit ihr prüfen könnt, was der gute und wohlgefällige und vollkommene Wille Gottes ist" (Römer 12,2).

> „*Habt nicht lieb die Welt*, noch was in der Welt ist" (1. Johannes 2,15).

„(...) wisst ihr nicht, dass <u>Freundschaft mit der Welt</u> Feindschaft gegen Gott ist?" (Jakobus 4,4).

„Trachtet nach dem, was droben ist, nicht nach dem, <u>was auf Erden ist</u>" (Kolosser 3,2).

Der Lebensstil des Himmels, wie er uns etwa in der *Bergpredigt* von Jesus in Matthäus 5-7 vor Augen gemalt wird, hat schon zu allen Zeiten die Menschen fasziniert. Ruft er doch eine tiefe Sehnsucht in uns hervor: **die Sehnsucht nach Frieden, Gerechtigkeit und Liebe.** Auf den ersten Blick scheint diese Sehnsucht alle Menschenkinder auf dem Erdball in allen Kulturen, Gesellschaftsformen und Religionen zu allen Zeiten miteinander zu verbinden. Aber auch nur auf den ersten, flüchtigen Blick! Schauen wir tiefer, werden schon sehr bald die unversöhnlichen Gegensätze offenbar. In allen Systemen der Welt ist der Mensch der absolute Mittelpunkt. Auf ihn allein kommt es an – oder zumindest auf seine Leistung, und seien es auch nur fromme Werke. Das ist der **Mainstream der Menschheit.** Dieser Strom der Gottlosigkeit rauscht seit dem Sündenfall im Garten Eden mit aufgewühlten stolzen Wellen daher. Damals brach der Damm des Vertrauens in Gottes uneingeschränkte Güte und Liebe. Die Wogen von Misstrauen und Rebellion rissen die Menschen hinweg aus der liebenden Nähe Abbas. Aber wir müssen zurück, wir müssen umkehren, gegen den Strom schwimmen, wenn wir zurück ans Herz unseres wunderbaren Abba-Vaters wollen!

Halleluja, das ist menschlich niemals allein zu schaffen! Das wäre ja so lächerlich, als säße man in einem Schlauchboot, triebe auf die Niagarafälle zu und wolle mit eigener, menschlicher Kraft gegen die enormen Sogkräfte anpaddeln. Das kann nicht gelingen! Die Menschheit kann nicht aus eigener Kraft zur Quelle der größten Liebe im Kosmos zurückgelangen! Das Geschöpf ist ohne seinen Schöpfer bald erschöpft! Wir brauchen einen starken Helfer und Erlöser, einen Retter und Vater-Freund! Christus Jesus ist der einzige Ausweg aus dem Dilemma! ER ist der Weg zurück ans Vaterherz! ER ist unser Rettungsschwimmer, der uns aus den Fluten herauszieht und vor dem drohenden Untergang bewahrt.

Die ganze Bibel, aber auch unser eigenes Erleben, machen offenbar: Es reicht einfach nicht, den Weg zurück zur Quelle zu kennen, wenn man nicht auch die Kraft hat, um an die Quelle zurückzukommen. Zu wissen, wie man richtig leben soll, etwa nach den Prinzipien der Bergpredigt oder der Zehn Gebote, genügt nicht. Die Sehnsucht, nach Hause zu gelangen, genügt nicht. Wir brauchen Jesus – das Leben und die Liebe Gottes in Person. Nur ER kann uns nach Hause zurückbringen. Nur ER kann uns an den Ursprung zurückführen. Deshalb ist unser Leben, genauso wie das Erleben der Menschen in den biblischen Geschichten, gefüllt mit den Unmöglichkeiten dieser Welt. Dieses Leben hier ist unmöglich zu schaffen! Alles schreit danach: **Wir brauchen GOTT!** Nicht irgendeinen Gott, sondern den Vater unseres Herrn Jesus Christus!

Einen Ertrinkenden kann man nur retten, wenn er damit aufhört, sich selbst retten zu wollen. Vorher strampelt er nur im Wasser herum und zieht alles und jeden mit sich hinab in die Tiefe. Der erfahrene Rettungsschwimmer weiß das und wird deshalb warten können, bis der Hilfesuchende müde genug geworden ist, um sich retten zu lassen. Wenn wir unsere eigenen Rettungsversuche aufgeben, werden wir spüren, wie die starken Hände Jesu uns packen und herausziehen aus den Strudeln und Fluten dieser Welt. Und dann wird das Wunder geschehen! Eine neue Sogkraft, ein neuer Strom wird spürbar werden. Unser Leben wird sanft in eine neue Richtung gezogen. Zurück zur Quelle. Das ist **der Strom der Liebe Gottes**, der uns auf den Wellen SEINER Liebe und Güte nach Hause tragen wird. Gegen alle Zeitgeist-Strömungen und alle Stromschnellen von Alltagsturbulenzen. Komm und lass Dich treiben auf dem *River* Gottes – gegen den Strom der Welt!

Zum persönlichen Weiterdenken ...

? Welche Botschaften und Parolen erreichen Dich durch Werbung und Medien? Vielleicht magst Du mal eine aktuelle Zeitung durchblättern und die Bilder und Slogans auf Dich wirken lassen. Was wird dort versprochen? Welches Lebensgefühl kommt Dir dort entgegen?

? Wo fällt Dir die Diskrepanz zwischen Zeitgeist und dem Reich-Gottes-Lebensstil besonders auf? Was ist in der Nachfolge Jesu so anders? Wie lebst Du als Christ mit der täglichen Spannung zwischen Anpassung-an-die-Welt und einen-Unterschied-zur-Welt-machen?

? Hast Du verstanden, warum dieser Kontrast notwendig ist? Ist es Dir eine Hilfe, wenn Du es mit Deinen eigenen Worten wiedergibst (eventuell aufschreibst)? Mach doch ein Gebet daraus und vertrau Dich dem Strom der Liebe Gottes neu an!

Kapitel 14

„Abba" statt „aber"

In den letzten Jahren durften wir so oft miterleben, wie Menschen zum ersten Mal Gott bewusst als ihren liebenden Vater entdeckten. Für viele Christen ist es eine völlig neue Dimension und absolut ungewohnt, Gott als *Papa – Abba – lieber Vater* anzusprechen und nicht mit den herkömmlich vertrauten Worten *Herr – Gott – Jesus Christus*. Manch einer entdeckt dadurch erst die eigene **Vaterwunde**, die er tief in sich trägt. Du wirst Gott nicht als liebenden Vater ansehen oder ansprechen können, wenn das Bild Deines leiblichen Vaters, der Dich so sehr verletzt hat, noch unversöhnt vor Deinen Augen steht. (Das trifft übrigens auch auf *Mutter-Wunden* zu!) Wenn wir also beginnen, Gott *Vater* zu nennen, öffnen wir zugleich eine Menge neuer Türen in uns. Durch diese Türen, auf die ich in diesem Kapitel näher eingehen möchte, will der Heilige Geist neues Leben, Heilung und Wiederherstellung in uns hineinströmen lassen. Das ist die Agape-Vater-Liebe Gottes, die ausgegossen wird in unsere Herzen (vgl. Römer 5,5).

Die erste Tür: Abba schenkt uns ein neues Gottesbild.

In allen meinen Büchern weise ich darauf hin, wie **einzigartig neu** diese Offenbarung von Gottes Vaterherzen ist. Und das ist sie auch tatsächlich! Jesus kam, um uns Gott als liebenden Vater zu zeigen. Die bekannteste Geschichte, die ER dazu erzählt hat, finden wir in Lukas 15, dem Gleichnis vom Vater mit den beiden Söhnen. Aber auch sonst spricht Jesus immer und überall von der großen Liebe SEINES himmlischen Vaters. In keiner anderen Religion der Welt wird uns Gott als liebender Vater vorgestellt – das ist **der Kern des wahren**

christlichen Glaubens! Wir hätten es eigentlich wissen müssen, haben es aber leider nicht eher mitbekommen! Vielen wurde nur ein strenger, ferner *Herr-Gott* beigebracht. Dieses alte Bild von Gott glich eher einem willkürlichen Herrscher oder einem kleinlichen Richter, oder einem Weltraum-Polizisten, der auf der Lauer liegt. Der liebende *Abba-Vater* ist ein total neues Gottesbild! Wie wunderbar, dass in den letzten Jahrzehnten überall auf der Welt die Christenheit dieses wahre Angesicht unseres Gottes neu entdecken darf! Der *strafende Gott* ist in Wirklichkeit ein *liebender Papa,* der alles für uns getan hat! **Am Kreuz hängt das Vaterherz Gottes** in Gestalt SEINES Sohnes Jesus. Unser Vater im Himmel hat alles wieder gut gemacht – das ist die Gute Nachricht! Wer zu Gott *Abba/lieber Papa* sagen kann, braucht sich nicht mehr vor IHM zu fürchten! Wer diesem wunderbaren Vater vertraut, dessen Glaubensleben wird gekennzeichnet sein von Geborgenheit, Zuversicht und Herzensfrieden.

Die zweite Tür: Abba heilt unsere Lebenswunden.

Ich habe den berechtigten Verdacht, Gott wusste schon im Vorhinein, was geschehen würde, wenn wir IHN mit *Papa* ansprechen. All unsere menschlichen Erlebnisse, die wir in den irdischen Vater-Mutter-Kind-Beziehungen gehabt haben, kommen damit auf den Tisch. Ja, ich finde das sehr *„trickreich"* von unserem Abba. Wir können nicht in der Tiefe unseres Herzens SEINE Liebe erleben wollen und dabei die offenen Lebenswunden, insbesondere die Wunden unserer Kindheit, verdrängen. **Mit geballten Fäusten kann man keine Geschenke empfangen!** Wenn wir das Wort *Vater* in den Mund nehmen, tauchen unweigerlich Bilder in uns auf. Das will Abba so! ER wollte, dass jeder Mensch ein Zuhause hat. Eine Familie, in der man Lieben, Vertrauen, gemeinsames Leben lernen darf. Im 21. Jahrhundert müssen wir jedoch der Realität ins Auge sehen, dass die allerwenigsten Menschen auf unserem Erdball aus einer heilen Familie stammen. Kinder können so viel Schreckliches erleben, gerade durch diejenigen, die für sie da sein sollten. Verletzte Menschen verletzen Menschen. Eltern sind auch nur *Kinder*, die wieder Kinder bekommen haben. Unsere menschlichen Unfähigkeiten und Unmöglichkeiten werden so von Generation zu Generation weitergereicht. **Aber an Gottes liebendem Vaterherzen sollen alle unsere Defizite, die wir in zwischenmenschlichen Beziehungen erlitten haben, gestillt und geheilt werden. Wer Gott als seinem liebendem**

Vater begegnet und IHN so erlebt, kann sich den Schmerzen seiner Vergangenheit und Gegenwart stellen.

Wir sehen dieses Wunder auf jedem unserer *Vaterherz-Seminare:* Im Licht der Offenbarung von Gottes Vaterliebe bekommen verletzte Menschen Kontakt mit ihren weggeschlossenen Emotionen. Da fließen Tränen als Schmelzwasser hartgefrorener Herzen. Da werden Schuldscheine zerrissen, Täter begnadigt und Sündern wird vergeben. Wir müssen nicht mehr länger von unvollkommenen Menschen erwarten, was uns der vollkommene Vater des Lichts bereits geschenkt hat! Menschen lernen, versöhnt mit ihrer eigenen Biografie zu leben. Sie bekommen eine neue Sichtweise für die Umstände, Orte und Personen ihrer Verletzungen. Auf einmal entdecken sie, was sie bisher nicht sehen und fühlen konnten: Sie waren und sind niemals allein. Auch nicht in den Stunden ihrer größten Not. Jesus, die Vaterliebe in Person, war und ist immer bei ihnen, mittendrin in ihrer Not. Dies zu erkennen wirkt wie heilsames Öl auf verwundeten Herzen.

Die dritte Tür: Abba verleiht uns eine neue Identität.

Wer zu Gott *Papa* sagt, wird sich auch selbst in einem neuen Licht wahrnehmen. Anfangs mag es noch komisch erscheinen. Die Worte gehen im Gebet nur stockend über unsere Lippen. Aber dann passiert das Erstaunliche: Wir beginnen uns selbst in der neuen **Identität** zu sehen, als geliebte Kinder! Eine erdrückende Last fällt von unseren Schultern ab. Die neue Einsicht beflügelt: **Als geliebte Kinder Gottes brauchen und müssen wir nicht alles allein schaffen!** Kinder brauchen Hilfe. Kinder dürfen Fehler machen. Kinder brauchen einen Vater!

Viele haben sich schon gewundert, warum die Bibel seitenlang Geschlechtsregister aufführt: *der zeugte den, und der zeugte den ... und der war der Sohn von dem und dem etc.* Warum nur?! Die Antwort lautet: **Kinder lernen ihre wahre Identität erst kennen, wenn sie wissen, wer ihr Vater ist!** Da geht es um mehr, als um DNA oder um Erbansprüche. Seinen Vater zu kennen bedeutet, seinen Ursprung zu kennen. Wer sein Leben mit seinem Vater in Beziehung setzen kann, weiß, wo sein Zuhause ist, wo er hingehört.

Hier finden wir die Ursache der inneren Heimatlosigkeit vieler jungen Leute von heute! Die *Generation Y* (im Englischen: *„generation why"* – Gene-

ration warum) ist auf der Suche nach der eigenen Identität. Wer bin ich? Woher komme ich? Warum bin ich hier? Wer ist für mich da? Das sind die brennenden Fragen. Sehr viele irdisch-natürliche Väter haben darauf selbst keine Antwort. Deshalb fällt es ihnen schwer, ihren Kindern einen Ort innerer Zughörigkeit und Sicherheit zu bereiten.

Wer bei Abba ein Zuhause findet, dessen innere Odyssee nimmt ein Ende. Wir brauchen nicht länger um Anerkennung zu betteln. Vorbei ist die Suche nach dem Platz, wo wir dazugehören. Wir sind endlich angekommen!

Die vierte Tür: Abba beglückt uns mit einem neuen Lebensgefühl.

Die herrliche Freiheit der Kinder Gottes äußert sich **in einer neuen Einstellung zum Leben:** *... angekommen, aufgenommen, bin willkommen ...*[3]

Es macht etwas Entscheidendes mit unserem Herzen, wenn wir wissen, wohin wir gehören. Das verleiht unserem inneren Menschen Wert, Orientierung, Stabilität. Bei Abba-Vater werden wir zu der Persönlichkeit, die Gott von Ewigkeit her in uns hineingelegt hat. Wenn wir in SEINER Liebe ankommen, sind wir am Ziel unserer Träume angelangt. Endlich Zuhause. **Im Vaterhaus der Liebe Gottes.** Hier gehöre ich hin! Hier bin ich SEIN Ewig-Kind. Hier darf ich sein und bleiben!

Gerade nach langen, inneren Durststrecken wirkt diese Erfahrung des Geliebtseins wie ein warmer Regen auf ausgedörrtem Land. Menschen, die sich vom Leben überfordert fühlten, blühen auf unter der Botschaft von Abbas bedingungsloser Liebe. Geistliche Leiter, die gestern noch im Burn-out steckten, können heute befreit aufatmen, weil sie zur Ruhe von den eigenen Werken kommen. Müde Mitarbeiter realisieren, dass es dem Vater nicht zuerst auf ihre äußeren Werke ankommt, sondern auf ihre innere Haltung. **Abba sucht Liebe und nicht Leistung!** Das ist der revolutionäre Augenöffner für viele Diener Gottes! **Das entscheidende Lebensgefühl** für Leute, die in der Liebe des Vaters ankommen, lässt sich so formulieren: **Alles wird gut, weil Abba in SEINER großen Liebe hier ist!**

Diese Wahrheit gibt eine grenzenlose Geborgenheit, die unbeschreiblich ist. Das ist das bestimmende Lebensgefühl der Kinder Gottes! Das macht den Unterschied, auch wenn alles um uns herum im Wanken sein sollte. Wer in

---

3 s. Textzeile von meinem Freund Daniel Kallauch, auf der CD „Du bist der Vater", erschienen bei cap-music

dieser Liebe verankert lebt, dem kann nichts passieren. Der befindet sich im Auge des Sturms, wo himmlischer Friede herrscht! Der ist umzingelt von der Güte Gottes und genießt den Zufluchtsort.

Die fünfte Tür: Abba lässt uns die Welt mit neuen Augen sehen.

Statt dem ständigen „*aber so und so muss es laufen ...*", „*aber da und da liegen die Probleme ...*" wird unser Herz mehr und mehr zur Ruhe kommen, wenn wir Gott als unseren Vater kennenlernen. Statt dem furchtsamen „*aber*", sagen wir dann umso kühner „*Abba*"!

Neben der ersten Tür, dem neuen Gottesbild, neben der zweiten Tür, dem Heilungspotenzial für unser Herz, und neben der dritten Tür und vierten Tür, der wahren Identität und dem neuen Lebensgefühl als geliebtes Kind, schenkt uns die Offenbarung von Gottes Vaterherzen als fünfte Tür eine veränderte **Perspektive: Abba lässt uns die Welt mit SEINEN Augen sehen!** Es ist eine befreiende Sichtweise, wenn wir nicht mehr gebannt und ängstlich auf die Schwierigkeiten starren, sondern voller Mut und Pioniergeist die Herausforderungen anpacken. Das **Herz der Waisenkinder** betrachtet die Dinge anders. Ein beeindruckendes Beispiel finden wir bei der Landnahme durch die Kinder Israels (vgl. 4. Mose 13-14*)*. Der *Waisengeist* sieht Folgendes: Das Gelobte Land ist voller übermächtiger Riesen. Dieser ängstliche Geist schlussfolgert, dass es darum besser sei, nichts zu ändern und in der Wüste zu bleiben. In den beiden Kundschaftern Josua und Kaleb lebte *aber ein anderer Geist, Abbas Geist* (vgl. 4. Mose 14,24) – das ist der Heilige Geist, der Geist der Kindschaft und des kindlichen Vertrauens. Auch sie sehen die riesigen Feinde, aber das macht sie nur noch umso entschlossener. Sie sagen: *„Wir werden die Feinde verschlingen* [wörtlich: „fressen"] *wie Brot"* (4. Mose 14, 9).

Wir merken, **es kommt auf die neue Perspektive an!** Wer mit den Augen Abba-Vaters die Welt anschaut, wird zu gänzlich anderen Beurteilungen und Entscheidungen kommen. Wir akzeptieren nicht mehr länger die Begrenzungen durch vorfindliche, scheinbare Realitäten. Wir definieren die Rahmenbedingungen neu, weil wir wissen, dass unser Papa regiert und das letzte Machtwort sprechen wird. ER kann Wege machen, wo bisher keine waren – denn ER ist der Weg! Zusammen mit Abba können wir weiter, höher und tiefer, über alle Umstände hinweg sehen und gehen.

Zum persönlichen Weiterdenken ...

? Wo hörst Du Dich selbst oftmals „aber" sagen? Was für Situationen sind das? Was macht Dich ängstlich und kopflos? Womit kann man Dir schnell Deinen inneren Frieden rauben?

? Wenn Du Dir die verschiedenen Türen in diesem Kapitel ansiehst, durch die die Liebe von Abba zu uns fließt, worin findest Du Dich wieder? Was schätzt Du besonders an der Offenbarung der Vaterliebe Gottes? Was davon hat Dein Leben bisher erreicht?

? Wie könnte dieses „Abba"-statt-„aber" bei Dir ganz praktisch aussehen? Spiel in Gedanken einen konkreten Fall durch und frage, wie es mit Abba anders aussehen kann!

Kapitel 15

Mitten in einem Wunder leben

Gerade sind meine Frau Karin und ich aus Nordschweden zurückgekommen, wo wir für ein paar Tage eine befreundete Missionarsfamilie in Lappland besuchen konnten. Wir wollten unsere Freunde einfach nur mit der Liebe des Vaters segnen, ein bisschen ermutigen und ihnen etwas von unserer Zeit schenken. Dabei wurden wir selbst wieder einmal am meisten beschenkt. Die Begegnung hat unserem Glauben so gut getan. Es war wunderbar zu sehen, wie schnell und übernatürlich diese ganze Familie in kürzester Zeit in eine fremde Sprache, Kultur und Umgebung hineingekommen ist. Sie leben mitten in einem spannenden Abenteuer, in das Jesus sie gesandt hat. Ja, sie **leben mitten in einem Wunder Gottes**! Es machte riesigen Spaß, uns gegenseitig stundenlang Geschichten davon zu erzählen, wie unser treuer Gott versorgt, sich um uns kümmert und wie ER SEINE liebevollen Überraschungen für uns bereithält. Das Haus, das Auto, die Möbel, die Reisen ... – hinter allem versteckt sich eine kleine oder große Wunder-Geschichte von Abbas Versorgung.

Wenn ich auf mein eigenes Leben schaue, kann ich auch nur bezeugen, wie treu mein himmlischer Papa für mich und meine Familie in all den Jahren gesorgt hat. Ich könnte jetzt Hunderte von Begebenheiten erzählen, wie und wo sich Gott als mein *Jahwe Jireh*, mein Versorger, unter Beweis gestellt hat. Für mich war und ist gerade die Frage nach **materieller Versorgung** der entscheidende Punkt, an dem meine Glaubensmuskeln wachsen können. Abba hat mich hier immer wieder an die Grenzen meiner eigenen Möglichkeiten geführt. *Halleluja, es ist nicht zu schaffen!* Als jemand, der seit Jahrzehnten vollzeitlich im Reich Gottes lebt und arbeitet, habe ich die finanzielle Abhängigkeit von Gott sehr oft zu spüren bekommen. Aber man muss nicht erst

Pastor oder Missionar sein, um diese Erfahrung zu machen. Unser Vater hält in dem *Trainingsprogramm für alle SEINE Kinder* viele Lektionen über Versorgung bereit.

Die Bibel spricht an sehr, sehr vielen Stellen über das Thema **Geld und Besitz**. Wer sich beim Bibelstudium darin vertieft, wird staunen, wie viel es zu diesem Bereich gibt. Neben Themen wie *Beziehung, Schuld und Vergebung, Heilung etc.* hat das Thema *Versorgung* eine herausragende Bedeutung in Gottes Wort. Unser Vater-Gott weiß, womit SEINE Menschenkinder täglich beschäftigt sind. Unsere Sorgenfalten verraten uns.

Sich-Sorgen-machen ist typisch menschlich! Der Mensch folgt dem Irrglauben, dass er sich durch eigene gedankliche oder körperliche Anstrengungen selbst helfen könnte. Wieder einmal spielt er den *erwachsenen Selbstversorger*, der keinen *Abba-Vater-Gott* braucht, der ihm helfen müsste. Schließlich sind wir groß genug, um durch unserer Hände Werk für uns selbst zu sorgen. Wer sein eigenes Geld verdient, ist frei und kann autonom bestimmen. Das gilt als hoher Wert der materialistischen, westlichen Kultur. *Hilf Dir selbst, dann hilft Dir Gott!* – so hallt uns die Lüge des Zeitgeistes entgegen. Und hier schließt sich wieder der Kreis: Denn wer für sich selbst allein zuständig ist, muss sich auch Sorgen darum machen, dass ja alles reinkommt, was man zum Leben braucht. Schlafstörungen, Herz-Kreislauf-Beschwerden, psychosomatische Erkrankungen und Allergien sind Anzeichen dafür, dass uns die Sorgen unter die Haut gehen. Wir laufen hochtourig und kommen nicht mehr runter. Alles in uns ist dann angespannt und verspannt.

Wie Medizin wirken da hingegen die **Worte Jesu und der Apostel**:

> *„Darum sage ich euch: <u>Sorgt euch nicht um euer Leben,</u> was ihr essen und was ihr trinken sollt, noch um euren Leib, was ihr anziehen sollt! (...) Seht die Vögel des Himmels an: sie säen nicht und ernten nicht, sie sammeln auch nicht in die Scheunen, und <u>euer himmlischer Vater ernährt sie</u> doch. Seid ihr nicht viel mehr wert als sie? (...) <u>euer himmlischer Vater weiß</u>, dass ihr das alles benötigt. Trachtet vielmehr zuerst nach dem Reich Gottes und nach seiner Gerechtigkeit, <u>so wird euch dies alles hinzugefügt werden</u>. Darum <u>sollt ihr euch nicht sorgen</u> um den morgigen Tag (...)"* (Matthäus 6,25-34).

„Sorgt euch um nichts (...). Mein Gott aber wird allen euren Man-
gel ausfüllen nach seinem Reichtum in Herrlichkeit in Christus
Jesus" (Philipper 4,6;19).

„Alle eure Sorge werft auf ihn; denn er sorgt für euch"
(1. Petrus 5,7).

Sorgen sind menschlich – Versorgung ist göttlich! Der Testfall ist *das liebe Geld* – unser Umgang mit materiellem Besitz. Jesus gibt dem einen Namen: *Mammon.* Das ist ein aramäisches Umgangswort für Luxus und Reichtum (vgl. Matthäus 6,24; Lukas 16,9;11;13). Es ist wie eine geistliche Macht, die nach uns greift. *Geld regiert die Welt!*

Durch materielle Unabhängigkeit wird uns vorgegaukelt: Wir brauchen keinen Helfer; wir schaffen das schon allein! Genau das ist die Sünde der Autonomie. Unser Umgang mit Reichtum und Besitz ist der Indikator dafür inwieweit wir in das sündige System des Materialismus verstrickt sind.

Das biblische **Prinzip des Zehnten** erscheint hierbei in einem neuen Licht. An verschiedenen Stellen des Alten Testaments wird das Volk Gottes aufgefordert, den zehnten Teil allen Einkommens und aller Erträge als freiwilliges Geschenk an Gott zurückzuschenken (vgl. 3. Mose 27,30; Maleachi 3,8-10). Auf den ersten Blick mutet das unlogisch an: Wie soll man denn jemals genug haben, wenn man zehn Prozent davon wieder gleich abgibt? Ja, Gott fordert unser Vertrauen heraus! Wir sollen IHN prüfen und beim Wort nehmen. ER will uns versorgen, wenn auch wir unseren kleinen Einsatz bringen. Dieses Prinzip des Zehnten-Gebens[4] wird in vielen (freikirchlichen) Gemeinden Jesu bis heute gelehrt und praktiziert.

Ich werde nie vergessen, wie wir unseren Kindern, als sie noch kleiner waren, dieses Prinzip beibringen wollten. Ich nahm damals jeweils eine D-Mark (puh, so lange ist das schon her?) und wechselte sie in zehn Zehn-Pfennigstücke. Dann legte ich die Münzen vor den Augen unserer Kinder hin und nahm

---

4 *Nebenbei: Neutestamentlicher wären sogar hundert Prozent und nicht nur der Zehnte! Wenn wir Jesus unseren Herrn nennen, gehört IHM alles und ER darf wirklich über alles verfügen – und nicht nur über einen bestimmten kleinen Anteil. Dennoch erscheint es pädagogisch wertvoll, wenn wir schon mal mit zehn Prozent unseres Besitzes anfangen und lernen, Gottes Versorgung zu vertrauen! Wer bereits darin SEINE Treue und Liebe erlebt, wird IHM auch noch die restlichen neunzig Prozent anvertrauen können!*

einen Groschen demonstrativ beiseite. Dann erklärten wir Eltern ihnen das *Spiel des Vertrauens*, dass der Vater im Himmel da mit uns spielen möchte: Wenn wir IHM den einen Groschen für den Bau SEINES Reiches geben, wird ER uns das Zigfache zurückschenken. Unsere Kinder folgten uns mit Augen, die verrieten, dass sie nicht ganz verstanden, wie das funktionieren sollte. Aber weil sie unserer elterlichen Liebe vertrauten, machten sie einfach mit, ohne zu verstehen, und gaben jeweils ihren Groschen in die Spardose, die wir für Gottes Reich angelegt hatten. Danach lief der Tag weiter wie gehabt, mit allem, was so anlag. Ich hatte die Lektion über den Zehnten schon ganz vergessen, bis ich mit den Kindern im Bus in die Innenstadt fuhr. Mein Sohn saß auf einem der freien Sitze. Der Bus füllte sich mit Menschen. Als eine alte Dame einstieg, stand mein Sohn sofort auf und bot ihr freiwillig seinen Platz an (das nenne ich gute christliche Erziehung, nicht wahr? Schmunzel ...). Die Frau war so angerührt über die ungewohnte Höflichkeit, dass sie dankbar ihr Portemonnaie zückte und unseren beiden Kindern jeweils eine D-Mark vor Freude schenkte. Als wir nach Hause kamen, stürmten die Kinder zu meiner Frau und erzählten sofort von ihrem *Gottes-Wunder!* Sie hatten Gott vertraut und ER hatte tatsächlich das Mehrfache zurückgegeben! Diese demonstrative Lektion haben meine Kinder nie mehr vergessen – und wir auch nicht! Noch heute staune ich über das große Vertrauen, das unsere (mittlerweile erwachsenen) Kinder gerade in finanziellen Angelegenheiten Gott gegenüber zeigen – und auch über die vielen Wunder, von denen sie berichten können. **Es lohnt sich absolut, Abba für uns sorgen zu lassen!**

Derselbe Gott, der Brot vom Himmel regnen lässt, Geldmünzen in Fischmäulern versteckt und Wasser zu Wein verwandeln kann, der ist auch unser liebender Vater. Der Allmächtige, dessen Aufmerksamkeit nicht entgeht, wenn ein kleiner Spatz vom Himmel fällt – und der täglich unsere Haare zählt (bei meiner Frisur muss ER das sogar mehrmals am Tag machen ...) –, das ist unser Freund, der sich auch um uns kümmert. ER ist der gute Hirte unseres Lebens – und deshalb fehlt uns nichts (vgl. Psalm 23,1)! Auf IHN können wir alle Sorgen wälzen, IHM all unsere Wege und Belange anbefehlen, denn ER wird es gut für uns machen (vgl. Psalm 37,5)! IHM ist es eine Freude, uns nur Gutes zu tun (vgl. 5. Mose 28,63)! Alle Schätze des Himmels und auf Erden gehören IHM! Unser Papa ist himmel-reich! ER ist der König aller Könige!

„Mein ist das <u>Silber</u> und mein ist das <u>Gold</u>, spricht der Herr der Heerscharen" (Haggai 2,8).

„Habe deine Lust am Herrn; so wird er dir <u>geben</u>, was <u>dein Herz begehrt</u>" (Psalm 37,4).

Wer diesem Gott kindlich vertraut, wird umgeben von unzähligen Wundern leben! Das ist der **Lebensstil des Reiches Gottes!** Haben, als hätte man nicht, und nicht haben, als hätte man. Geben ist seliger als Nehmen. Arme werden glückselig gepriesen und Reiche haben es schwer, durchs Nadelöhr zu passen. Der Sohn Gottes hat noch nicht einmal ein eigenes Heim, wo ER schlafen könnte, und doch verfügt ER über unerschöpfliche Ressourcen. ER braucht nur zu sagen: *„Der Meister braucht das und das ...",* und schon öffnen sich IHM alle Türen. Da werden Schätze im Himmel gesammelt. Die Feinde müssen ihr Vermögen rausrücken. Fette Beute wird gemacht, weil der Herr für SEIN Volk streitet. Wo die Kinder Israels nicht gesät haben, dürfen sie ernten, in einem Land, wo Milch und Honig fließen. Ihre Schuhe und Kleider halten vierzig Jahre in der Wüste – wo gibt es denn so etwas?! Raben bringen Brot und Fleisch. Das Mehl im Topf und das Öl im Krug gehen nicht aus. Alle haben alles gemeinsam und jeder teilt mit jedem. Überall wird Geld zusammengelegt, um es den Bedürftigen zu schenken, damit ein Ausgleich stattfindet. Den fröhlichen Geber hat Gott lieb! Denn Habgier ist die Wurzel allen Übels! Die linke Hand weiß nicht, was die rechte Hand gibt. Gestohlenes wird zurückgegeben. Weder raffinierter Betrug, noch egoistischer Gewinn oder stolze Statussymbole stehen länger im Vordergrund, sondern demütiges Dienen und liebende Hingabe. **Besitz ist lediglich Mittel zum Zweck.** Geld und Reichtum sind nützliche Werkzeuge, aber sie dürfen die Herzen der Menschen nicht gefangen nehmen und beherrschen. **Denn wo Dein Schatz ist, wird auch Dein Herz sein!**

Sorgen ... oder geborgen? Wer als Kind des Allerhöchsten lebt, wird sein Vertrauen nicht auf Selbstversorgungsprogramme und Schutzschirme menschlicher Art setzen. Der wird aufhören, sich unnötige Sorgen um die Zukunft zu machen. **Abbas Kinder leben in der Geborgenheit des Himmels,** mitten in den Herausforderungen unserer Welt, umgeben von Bankenkrisen und bangen Fragen um die Sicherheit der Rente. Natürlich dürfen sich auch

Christen um Lebensversicherungen und zusätzliche Altersversorgung kümmern. Aber wir bringen unsere aufgewühlten Herzen zur Ruhe in dem Wissen, dass unser Leben in Gottes Händen liegt. **ER ist unsere Zukunft!** So wie ER *gestern* bei uns war und uns treu versorgt hat, so wie ER uns *heute* spürbar nahe ist in SEINER großen Liebe, so wird ER auch *morgen* für uns da sein und uns durch jede Schwierigkeit tragen!

„Denn ich weiß, was für Gedanken ich über euch habe, spricht der Herr, Gedanken des Friedens und nicht des Unheils, um euch eine <u>Zukunft</u> und eine <u>Hoffnung</u> zu geben" (Jeremia 29,11).

„Jesus Christus ist derselbe <u>gestern</u> und <u>heute</u> und auch <u>in Ewigkeit</u>" (Hebräer 13,8).

Zum persönlichen Weiterdenken ...

? Wenn Du Dich in Deinem Leben umschaust, wo entdeckst Du Versorgungswunder Gottes? Welche Wunder-Geschichten fallen Dir da ein? Kannst Du bestätigen, dass auch Du inmitten von Wundern des Himmels lebst?

? In der westlichen Welt ist der Materialismus eine große gedankliche Festung. Wo fällt Dir dieser Einfluss in Deiner Umgebung oder bei Dir selbst besonders stark auf? Wo sind Deine angreifbaren Punkte, wenn es um Geld, Besitz und Wohlstand geht?

? Wie bringst Du in Deinem Herzen die Zukunftssorgen zur Ruhe? Was hilft Dir dabei? Beobachte andere Leute, wie sie mit ihren Sorgen umgehen – was kannst Du davon lernen?

Kapitel 16

Abenteuer inklusive

Wer Jesus nachfolgt, hat Abenteuer *all inclusive!*

Es soll ja Menschen geben, die stets das Abenteuer suchen. Zu denen gehöre ich ganz gewiss nicht! Vielmehr fühle ich mich sicher bei gewohnten Abläufen, klar Überschaubarem und festen Konstanten. Mein Leben würde bestimmt in ziemlich langweiligen Wiederholungen nur um sich selbst kreisen, wenn mich nicht die Liebe des Vaters gefunden hätte. Abba schafft es immer wieder, mich aus meiner *Bequemlichkeitszone* herauszulocken. ER hat mich in den über fünfzig Jahren meines kleinen Lebens schon auf so viele ungewöhnliche Wege mitgenommen. **Es fängt jedes Mal damit an, dass ich Altvertrautes verlasse und mich auf neue Wege wage, auf denen ich noch nie zuvor gegangen bin.** Das fordert mich bis an meine Grenzen heraus – und weit darüber hinaus! Ich mag es, wenn ich mich auskenne und den Überblick habe. Und ich mag es absolut nicht, wenn ich mich stets mit unbekannten Größen herumschlagen muss. Aber das ist genau der Zustand, in dem sich mein Leben seit vielen Jahren befindet. Ich habe erst mühsam lernen müssen, das Betreten von Neuland als Wachstumschance für meinen Glauben zu erleben!

Einer meiner großen Helden aus der Bibel ist dabei **Abraham**!

„Geh hinaus aus deinem Land und aus deiner Verwandtschaft und aus dem Haus deines Vaters in das Land, das ich dir zeigen werde" (1. Mose 12,1) – kaum einer von uns kann ermessen, was dieses Reden Gottes damals für Abraham bedeutet hat. *Geh, Abraham, geh, mach dich auf den Weg!* Abram war der älteste Sohn, also der Haupterbe in seines Vaters Haus. Mit dem Weggehen verließ er den Schutz der Familie, die vertraute Um-

gebung, Wohlstand, Sicherheit und Heimat – und tauschte das alles gegen Strapazen, Kämpfe, Herausforderungen, Ungewissheit und Fremde ein. Aber stell Dir mal vor, er wäre nicht gegangen ... oder tu das lieber doch nicht, denn das wäre ja schrecklich!

Abram (der ehrwürdige Vater) wurde zu *Abraham* (Vater vieler Völker) – sein mutiger Schritt schuf Raum für einen noch viel größeren Segen des Himmels. Er war vorher schon ein ziemlich gesegneter Mann: Er besaß Reichtümer, hatte einen guten Ruf und hohes Ansehen. Mit dem gewagten Schritt, dem Reden seines Gottes zu vertrauen, setzte er scheinbar alles aufs Spiel. Abraham muss das aber anders empfunden haben. Die **Freundschaft mit Jahwe** erschien ihm als das größere Erbteil. Er erlebte die Nähe Gottes als absoluten Hauptgewinn, der seinem Herzen Mut und Frieden verlieh, um Ungewöhnliches zu wagen. Jesaja (41,8) und Jakobus (2,23) nennen ihn deshalb einen **Freund Gottes**.

> *„Abram glaubte* [vertraute] *dem Herrn* [Jahwe]*, und das rechnete Er ihm als Gerechtigkeit an"* (1. Mose 15,6).

Die unmöglichen Glaubensherausforderungen der Bibel sind kein *russisches Roulette* für Hartgesottene. Die Bibel appelliert auch nicht an den Pioniergeist von risikofreudigen Draufgängern. Wir sollen nicht in falscher Weise motiviert werden, so wie der Volksmund es sagen würde: *Wer nicht wagt, der nicht gewinnt!* **Alles steht und fällt vielmehr mit der Vertrauensbeziehung zu Abba-Vater.** Wer IHM vertraut, kann sich fallen lassen! Du kannst nie tiefer fallen, als in SEINE Hand! Papa sucht unser kindliches Herz, das sich bei IHM einklinkt. Denn unter uns sind ewige Arme, die uns immer auffangen und halten werden (vgl. 5. Mose 33,27)!

Das Motiv, Altbekanntes zu verlassen, um Glaubensschritte zu wagen, durchzieht die ganze Bibel. Noah baut ein Boot des Vertrauens. Abraham zieht los, ohne zu wissen, wohin die Reise geht. Jakob macht sich auf eine lange Wanderschaft im Vertrauen auf Gottes Führung. Josef wird viele Wege gehen müssen, die er sich so niemals ausgesucht hätte. Moses führt das Volk Israel ins Gelobte Land, ohne je selbst dort gewesen zu sein. Unzählige Wege und Umwege liegen zwischen Wüstenwanderung, Landnahme und der Königsherrschaft in Israel. David lebt auf der Flucht vor Saul und wird von Gott dahin geführt, ungewöhnliche Schritte zu gehen. Schwere Wege, die über Leben und Tod entscheiden, liegen in der Zeit Babylons vor den jungen Leuten Daniel, Esther und Nehemia. Sie alle leben nach der Devise: *Tun, was noch keiner tat. Sehen, was noch keiner sah. Dorthin gehen, wo noch keiner war.*

Und so geht es auch im Neuen Testament gleich weiter: **Jesus verlässt den Himmel** und kommt auf die Erde! Sein Leben gleicht einer beständigen Wanderschaft zwischen Himmel-Bethlehem-Ägypten-Nazareth-Galiläa-Kapernaum-Jerusalem-Bethanien-Golgatha-und-wieder-zurück-in-den-Himmel... – ein bisschen wie das Spiel *Reise nach Jerusalem*. Und auch die Jünger, die ER zu SICH ruft, verlassen Gewohntes und betreten Neuland: Petrus und seine Freunde verlassen ihre Boote und Netze. Matthäus verlässt sein Zollhaus. Paulus verlässt seine akademische Laufbahn. Schließlich verlassen die Apostel alles und gehen bis an die Enden der Welt, wie der Meister es ihnen gesagt hatte: „So *geht nun hin* und macht zu Jüngern alle Völker (...). Und siehe, *ich bin bei euch* alle Tage bis an das Ende der Weltzeit" (Matthäus 28,19-20).

Das **Selbstverständnis der Jünger Jesu** wird sich wandeln: Künftig werden sie *Gäste und Fremdlinge* (vgl. 1. Petrus 2,11) sein, *Botschafter für Christus* (vgl. 2. Korinther 5,20), deren *Bürgerrecht und Heimat im Himmel* und nicht auf der Erde liegt (vgl. Philipper 3,20; Hebräer 11,13); *Menschen, die in den Fußstapfen Jesu hinter IHM herlaufen* (vgl. 1. Petrus 2,21).

Wer schon einmal selbst für eine gewisse Zeit im Ausland gelebt hat, weiß, wie es sich anfühlt, wenn alles neu, anders und fremdartig um einen herum erscheint. Eine eigenartige Mischung aus Prickeln, Neugier und Angst vor dem Unbekannten liegt in der Luft. Du erlebst Deine Umwelt total intensiv, lernst unheimlich viel Neues dazu, machst tiefe Erfahrungen, die prägend sein werden für den Rest Deines ganzen Lebens. Du staunst über die Dinge, die Dir gelingen, und bist entsetzt über kleine Unwegsamkeiten, die auf einmal wie riesengroße Hindernisse vor Dir auftauchen. Du hast manchmal entsetzliches Heimweh und sehnst Dich nach vertrauten Menschen, Speisen, Klängen und Düften. Und im nächsten Augenblick bist Du wieder froh, gerade hier in der Fremde zu sein, wo Du so enorm an den Herausforderungen wächst. Stimmt das?!

Jedes Mal, wenn Abba-Vater mich gerufen hat, um weitere Schritte im Vertrauen zu wagen, erschien es mir anfangs wie Verlust. Den Spatz in der

Hand kenne ich. Da weiß ich, was ich habe. Aber die Taube (des Heiligen Geistes) auf dem Dach ist noch so viel kostbarer! Das lehrte ER mich durch die Jahre. Umso mehr kann ich jetzt bezeugen, dass SEINE Güte und Treue zuverlässig sind! Ich wäre nie dort, wo mein Leben jetzt steht – nie in der Fülle und in dem Reichtum des Himmels, den ich besonders in den letzten Jahren schmecken darf –, wenn ich nicht immer wieder weitergegangen wäre! Das Gleiche beobachte ich als Pastor und geistlicher Leiter seit vielen Jahren im Leben zahlreicher anderer Mitchristen. Jeder, der neue Schritte wagt, und seien sie noch so klein – ein Missionseinsatz in Afrika während des Urlaubs, ein Hausaufgaben-Projekt mit ausländischen Kindern in der Nachbarschaft, eine Party für noch-nicht-gläubige-Mitbewohner aus dem Studentenwohnheim –, wird selbst erleben, wie solche kleinen Glaubenssprünge unseren Glauben beflügeln!

Abba steht zu SEINER Verheißung von **Saat und Ernte**:

„Wenn das Weizenkorn nicht in die Erde <u>fällt und stirbt</u>, so bleibt es allein; wenn es aber <u>stirbt</u>, so bringt es <u>viel Frucht</u>"
(Johannes 12,24).

„Es wird <u>gesät</u> in Verweslichkeit und <u>auferweckt</u> in Unverweslichkeit; es wird <u>gesät</u> in Unehre und wird <u>auferweckt</u> in Herrlichkeit; es wird <u>gesät</u> in Schwachheit und wird <u>auferweckt</u> in Kraft"
(1. Korinther 15,42-43).

Unser Meister verspricht allen, die IHM vertrauen, den **Lohn der Nachfolge** (vgl. Matthäus 19,27-30; Lukas 18,28-30; Markus 10,28-31). Wer um SEI-NETWILLEN *loslässt* und *verlässt*, wird um ein Vielfaches mehr von IHM zurückbekommen. So sehen wir es in der Schöpfung – im Prinzip von Saat und Ernte. Jedes Mal geht es erst durch scheinbare Sterbeprozesse, in denen Bisheriges umgewandelt/*transformiert* wird. Neues Leben bricht sich Bahn. Wo losgelassen wird und Formen sich verändern, da kann substanziell Neues entstehen.

Die notwendigen Sterbeprozesse, sowie das Gefühl *„das ist niemals zu schaffen!"* sind auch hilfreich für unser Herz und bewahren uns vor Stolz und Eigensinn. **Das Leben in der Nachfolge Jesu erhält uns vollkommen abhän-**

gig von Gottes Kraft! Wer hinter Jesus hergeht, merkt sehr bald: *Halleluja, es ist nicht zu schaffen!* Wir können Gottes Wege nur in SEINER Kraft gehen, niemals ohne IHN – so hat der Vater SICH das ausgedacht! Wie Jesus sagt: *„Ohne mich könnt ihr nichts tun"* (Johannes 15,5; LUT).

Nur in der Bindung an IHN als Freund, nur im liebevollen, vertrauten Umgang miteinander, ist es möglich, die Abenteuer Gottes zu erleben! Aber dann stehen einem auch alle Türen offen: *„Wer an mich glaubt, der wird die Werke auch tun, die ich tue, und wird größere als diese tun"* (Johannes 14,12).

Zum persönlichen Weiterdenken ...

? An welche Glaubensabenteuer Deines Lebens kannst Du Dich jetzt spontan erinnern? Wie waren jeweils die Umstände? Kannst Du auch bestätigen, dass Gottes wunderbares Eingreifen nicht ohne Herausforderungen zustande kommt?

? Hast Du selbst einmal eine gewisse Zeit lang in fremder Umgebung gelebt? Was hast Du dort für Erfahrungen gemacht? Was war besonders gut und was fandst Du schwierig?

? Christlicher Glaube bedeutet oftmals, ein Wagnis im Vertrauen auf Gott einzugehen! Welche nächsten Glaubensschritte sind für Dich dran? Was würde wohl passieren, wenn Du diese Schritte nicht gehst?

Kapitel 17

Reif für die Insel

Selbst in unsicheren Zeiten mag kaum einer auf den *wohlverdienten Urlaub* verzichten. Neunzig Prozent aller Deutschen machen Jahr für Jahr Urlaub. Wir sind geradezu Weltmeister im Reisen. Wenn es ums Ferienmachen geht, sind wir am wenigsten bereit, zurückzustecken. Der schnelllebige Alltag verlangt uns dermaßen viel Energie ab, dass unsere Gesellschaft sich regelmäßig **reif für die Insel fühlt**. Unsere Körper und Seelen benötigen Auftankstationen. Orte der Ent-Schleunigung und Re-Kreation.

Als Erwachsene haben wir anscheinend eine wichtige Eigenschaft verlernt: Wir wissen oft nicht mehr, wann wir Pause machen müssen. Ich schmunzle, wenn ich an die Zeiten zurückdenke, wo unsere Kinder noch klein waren. Da gab es zahlreiche Situationen, wo sie mitten in ihren Aktivitäten einschliefen. Einfach so! Manchmal sah unser Sohnemann ganz verknautscht im Gesicht aus, weil er ausgerechnet auf seinen Autos ein Nickerchen machen musste. Oder unsere Prinzessin ließ sich mitten im Gewusel eines Einkaufszentrums auf den Boden fallen und sagte nur: *„Ich kann nicht mehr!"* Dann war Papa gefragt, sie nach Hause zu tragen.

Kinder leben ganz im Hier und Jetzt. Wenn sie lachen, lacht alles an ihnen. Wenn sie weinen, dann weint alles an ihnen. Wenn sie spielen, sind sie ganz bei der Sache. Und wenn sie Ruhe brauchen, machen sie einfach Siesta.

Uns Großen fällt es aber so enorm schwer, rechtzeitig runterzuschalten und anzuhalten. Wir laufen zu hochtourig durch den Alltag. **Stress und Überforderung gehören zum Lebensgefühl der meisten Leute von heute.** Viele von uns haben es nicht gelernt, *Ruhe-Inseln* in ihrem Alltag zu finden oder zu schaffen. Darum ist das Bedürfnis nach Freizeit, nach Wellness und Erholung so riesengroß. Die ganze Freizeitbranche boomt trotz Krisenzeiten. Der Mensch spürt instinktiv: *Ich schaffe es nicht, dieses Tempo durchzuhalten, wenn ich jetzt nicht Pause mache! Ich bin reif für die Insel!*

Halleluja, es ist wirklich nicht zu schaffen! **Ja, wir schaffen es noch nicht einmal, nichts zu tun!** Wir können uns die nötige Erholung nicht selbst verordnen, die unsere angespannte Seelenlage braucht, dieses **tiefe Atemholen für unseren inneren Menschen.**

Es gehört zu den göttlichen Geheimnissen und wunderbaren Außerordentlichkeiten unseres himmlischen Abbas, dass ER am siebten Tag der Schöpfung **die Sabbat-Ruhe** erfand. Gott selbst ruhte von SEINEN Werken und genoss sie – zusammen mit SEINEN Kindern.

> *„Und Gott hatte am siebten Tag sein Werk vollendet, das er gemacht hatte; und er <u>ruhte</u> am siebten Tag von seinem ganzen Werk, das er gemacht hatte. Und Gott <u>segnete</u> den siebten Tag und <u>heiligte</u> ihn, denn an ihm <u>ruhte</u> er von seinem ganzen Werk, das Gott schuf, als er es machte"* (1. Mose 2,2-3).

> *„Gedenke an den <u>Sabbattag</u> und <u>heilige</u> ihn! Sechs Tage sollst du arbeiten und alle deine Werke tun, aber am siebten Tag ist der <u>Sabbat</u> des Herrn, deines Gottes, da sollst du kein Werk tun"* (2. Mose 20,8-10).

Sabbat-Ruhe ist mehr als ein schlaffes Abhängen nach Phasen des Zuvieltuns. Es ist der Höhepunkt der Schöpfung Gottes! **Ein Hochgenuss für Gott und Mensch!** Diese Ruhe hat nichts gemein mit Passivität oder Faulheit. Sie ist höchst aktiv und engagiert – und doch zugleich herrlich entspannt; sie kommt kindlich-fröhlich-hüpfend daher. Es ist schon erstaunlich, dass Israel unter allen Völkern gerade durch das Phänomen der Sabbat-Heiligung auffiel. **Die Kinder Gottes feiern ganz bestimmte, heilige Tage.** Leider wurde dabei oft der Fehler gemacht, sich nun an einzelnen Tagen festzubeißen, die es einzuhalten galt.

Das ist *Religion und Gesetz*, aber keine *herrliche Freiheit der Kinder Gottes!* Dem Vater ging es nie darum, SEINE Kinder zum Feiern zu zwingen. Was für ein Quatsch wäre das?! **Vielmehr ist die Sabbat-Ruhe eine Einladung**

des Himmels, mit Abba gemeinsam Pause zu machen! Frei nach dem Motto: *Have a break, have a time with Abba!*

Das Volk Israel hat neben dem wöchentlichen Sabbat eine **reiche Kultur des Feierns** entwickelt. Die drei großen Feste im Jahr (Passah, Pfingsten, Laubhüttenfest) werden seit Jahrtausenden gefeiert und haben im Kirchenjahr der Gemeinde Jesu sogar ihre Entsprechung gefunden. Parallel zum Passah, das die Juden anlässlich des Auszugs aus dem Land der Knechtschaft begehen, feiern die Christen weltweit zu Ostern das Ende der Sklaverei von Sünde und Tod durch das Kreuz Jesu und SEINE Auferstehung. Am jüdischen Ernte-Pfingstfest feiert die Christenheit das endzeitliche Erntefest des Himmels, das durch die Ausgießung des Heiligen Geistes begonnen hat. Es lohnt sich, von den Kindern Israels zu lernen, wie sie mit Musik, Tanz, Essen und bunter Freude ihren Gott mitten im Alltagsbetrieb loben. Das regelmäßige Feiern bringt Familien, Freunde, die ganze Glaubensgemeinschaft zusammen; es vereint und beschenkt sie mit neuer Kraft. Leider ist, wie bereits gesagt, das meiste davon zu *Gesetz* erstarrt. Aber wir wollen betrachten, wie es ursprünglich vom Vater gemeint war.

Was ist der tiefere Sinn dahinter, *heilige Tage* zu feiern? Was bedeutet es, einen Tag zu *heiligen?*

Das biblische Wort für „heilig" kann man folgendermaßen übersetzen: *ausgesondert vom Alltäglichen, ausgesondert für Gott;* aber auch ***außergewöhnlich****, ganz speziell.*

Gott ist heilig, sogar dreimal-heilig, also durch und durch extraordinär-extravagant. ER ist unvergleichbar einzigartig, ganz besonders. In diesem Sinne sollen auch SEINE Kinder **heilig sein.** Sie sollen **heilig leben**, *anders als die Welt um sie her.* Sie sollen **sich heiligen** – das ist mehr als nur *sich absondern von den anderen.* Ihr Leben soll einen *himmlischen Unterschied bilden.* So wie ihr Vater außergewöhnlich-heilig ist, soll auch ihr Lebensstil dementsprechend *heilig-anders* aussehen: rein, lichtvoll, gut, liebend, gnädig, gerecht ...!

Wer den *Sabbat heiligt*, wer im Namen Gottes einzelne Tage und besondere Zeiten absondert, wird nicht komisch religiös, sondern lebt kindlich abhängig. Der kehrt um zu einer göttlichen Ordnung, die gesund hält.

Es gäbe noch so viel zu tun. Wir müssten immer noch mehr machen. Wer in Verantwortung steht, wird niemals sagen können, dass er alles zu Ende geschafft hat. Der Leistungsdruck ist schier unaufhörlich. Alles schreit danach, dass wir jetzt unmöglich anhalten können. Darum laufen wir im Hamsterrad der Verpflichtungen weiter. Manch einer sogar, bis er physisch und psychisch erschöpft umfällt und wirklich nicht mehr kann. Dann hilft auch ein Last-minute-Urlaub nicht mehr. **Wer sich bei seinem Gott ausruht, kommt schneller ans Ziel. Das Bei-Gott-zur-Ruhe-kommen wird sogar zum Erkennungszeichen der wahren Gotteskindschaft!**

Jesus sagt: *„Kommt her zu mir alle, die ihr mühselig und beladen seid, so will ich euch <u>erquicken!</u> Nehmt auf euch mein Joch und lernt von mir, denn ich bin sanftmütig und von Herzen demütig; so werdet ihr <u>Ruhe finden</u> für eure Seelen! Denn mein Joch ist sanft und meine Last ist leicht"* (Matthäus 11,28-30).

Und im Hebräerbrief heißt es: *„Also bleibt dem Volk Gottes noch eine <u>Sabbatruhe</u> vorbehalten; denn wer in seine <u>Ruhe eingegangen</u> ist, der <u>ruht</u> auch selbst von seinen Werken, gleichwie Gott von seinen. So sollen wir denn eifrig bestrebt sein, in jene <u>Ruhe</u> einzugehen"* (Hebräer 4,9-11).

Durch die Offenbarung der Vaterliebe Gottes ist auch ein neues Bewusstsein für das **Ruhen/Warten auf Gott** entstanden. Im angloamerikanischen Raum wird das mit dem Wort *„Soaking"* umschrieben, was so viel bedeutet wie *„einweichen, marinieren, durchtränkt werden"*. Wer sich in dieser Weise der Liebe Gottes öffnet, kommt zur Ruhe von seinen eigenen Aktivitäten. Er legt sich ruhig hin oder setzt sich entspannt an einen Ort der Stille. Der hört auf mit allem, was man tut, bringt auch sein Denken in die Ruhe vor Gott. Ist einfach nur da – da bei Gott. Wie ein Kind beim Vater. Setzt sich SEINER Gegenwart und Liebe aus. Das ist in gewisser Weise die kontemplativ-meditativ-christlich-pneumatisch-mystische Antwort auf die Suche nach ganzheitlichem Atemschöpfen und Einklang, die Tausende zurzeit in Yoga und anderen fernöstlichen Versenkungsmethoden suchen. Eine laute, hektische Welt verlangt nach rekreativer Stille. **Am Vaterherzen Gottes ist das einzigartige Original zu finden!**

In der Geborgenheit von Abbas grenzenloser Liebe werden die Akkus unseres inneren Menschseins wieder aufgefüllt. Wir brauchen die Alltagssorgen nicht kurzzeitig verdrängen, quasi nur auf Urlaub schicken, um danach erneut die ganze Last des Lebens auf die eigenen Schultern zu laden. In der Ruhe und Entspannung auf Abbas Schoß lernen wir das Loslassen unserer Sorgen. Hier ist die wahre *Insel der Glückseligkeit: Island in the Son!*

So kann jede Begegnung mit dem Vater zu einer traumhaften Insel-Zeit werden und sich ein bisschen wie Urlaub anfühlen. (Ich habe in meinen Büchern[5] mehrfach über den **Raum der Begegnung im Vaterherzen Gottes** berichtet.) Der Himmel ist uns so nahe gekommen! Wir können inmitten der harten Realitäten unseres Alltags die grenzenlose Weite des Himmels erleben. Schließe Deine Augen, öffne Dein Herz, bewege Dich an einen Ort der Ruhe, komme auf Abbas Schoß. Und auf einmal können nutzlos wirkende *Leerlauf-Zeiten* – ein Stau auf der Autobahn, der verpasste Bus, die Warteschlange – zu einer Insel der Nähe Gottes werden.

Seit vielen Jahren suche ich täglich diese **Schoßzeiten beim Vater** auf. Sie sind für mich zu einem Ort der kontinuierlichen Erfrischung, aber auch der Veränderung geworden. Hier höre ich SEINEN Herzschlag, hier empfange ich SEINE lebensschaffenden Liebesworte, hier komme ich unter SEINE überaus große Segenshand, die mich beschützt, heilt und mich mehr und mehr zu dem Menschen macht, den ER SICH ursprünglich vorgestellt hat! So gerne ich auch immer wieder mal Urlaub auf *unserer Trauminsel im Mittelmeer* mache, so bin ich doch umso lieber täglich nahe am Vaterherzen Gottes, wo mein Leben in Tiefenschichten Erholung findet.

---

5 Alle Bücher erschienen bei cap-books, siehe Anhang in diesem Buch.

Zum persönlichen Weiterdenken ...

? Wie und wo findest Du am besten Erholung und Entspannung? Wann fühlst Du Dich besonders reif für die Insel – was ermüdet Dich? Welchen Stellenwert haben Urlaub/Freizeit/Hobby in Deinem Alltag? Wie sehen Deine momentanen inneren Kraftreserven aus?

? Wie denkst Du über die Aussage, dass „heilig" auch mit „außergewöhnlich" übersetzt werden kann? Welchem Bild von Heiligkeit bist Du bisher gefolgt? Verändert das jetzt etwas an Deiner bisherigen Sicht? Wie „heiligst" Du bestimmte Tage?

? Hast Du gelernt, bei Gott zur Ruhe zu kommen? Wie sieht das bei Dir aus? Kennst Du auch „Schoßzeiten bei Abba"? Welche Erfahrungen hast Du mit „Soaking" gemacht?

? Wo erlebst Du Zeiten bei Gott als Erfrischung und wo eher nicht?

Kapitel 18

Abba-Weg-Gemeinschaft

Es ist absolut bemerkenswert, dass sich die Jünger Jesu damals (sicherlich inspiriert vom Heiligen Geist) selbst einen Namen gaben (vgl. Apostelgeschichte 22,4; 24,14): **Der Weg!**

Es ist nicht nur *ein Weg* unter vielen anderen, sondern DER WEG! Sie folgen dem Auferstandenen nach. Sie laufen in SEINEN *Fußstapfen* und sind mit IHM gemeinsam unterwegs in der *Nachfolge*. Das spiegelt die Dynamik des Heiligen Geistes wider. Christsein ist nichts Statisch-Starres, sondern eine lebendige Liebesbeziehung mit dem Himmlischen.

Christen wurden sie von ihrer Umwelt genannt. Mehr als Schimpfname, im Sinne von „das sind doch nur die Anhänger von diesem vermeintlichen Christus-Messias" (vgl. Apostelgeschichte 11,26).

Der neue Weg ist und bleibt der einzige Weg zum Himmel! Jesus bezeichnet SICH selbst als alleinigen Weg zu Abba-Vater (vgl. Johannes 14,6)! Wie ich schon näher beschrieben habe, hat Jesus SICH zuerst auf den Weg gemacht. ER verließ den Himmel, kam auf die Erde und lebte in unmöglichen Verhältnissen. All SEINE irdischen Wege müssen echte Zumutungen für den Gottessohn gewesen sein: SEIN Weg unter uns begann winzig klein im Uterus einer jungen Frau. Mit Maria fragen wir: *Wie kann das nur sein?* War ER doch Äonen von Äonen lang gewohnt, in der herrlichen Gegenwart von Engeln und Himmelswesen zu residieren, so tauschte ER das alles gegen die tägliche Weggemeinschaft mit sehr irdischen Männern und Frauen ein. Zum Freundeskreis Jesu zählen Prostituierte, Betrüger, Kriminelle, Analphabeten, Ausgestoßene ..., ebenso wie Reiche, Mächtige, Religiöse und Intellektuelle. Jeder, der mit IHM gehen will, ist eingeladen, den Weg Jesu zu teilen. *Komm und sieh* (vgl. Johannes 1,46)! *Komm mit und erlebe selbst die Kraft und Macht der Liebe Gottes in Aktion!* Wer IHM nachfolgt, wird den ganzen Weg mit IHM bis zum Kreuz und Ostermorgen weitergehen. Und sogar noch darüber hinaus, an jedem neuen Tag unseres Lebens!

Christlicher Glaube ist deshalb kein abgestandenes, modriges Gewässer von religiösen Dogmen und Lehrsätzen längst vergangener Tage. Lebendiger Glaube ist vielmehr ein sprudelndes Wasser voller Dynamik und gelebter Freundschaft mit Gott im Hier und Heute. Wer mit Jesus lebt, ist mit IHM gemeinsam unterwegs. Der geht Glaubensschritte und folgt IHM nach, so wie der Sohn Gottes Tag für Tag an der Hand SEINES Vaters geht.

„Weg-Gemeinschaft mit Abba" ist wohl die beste Umschreibung für ein Leben in der Nachfolge Jesu!

Das beinhaltet drei Aspekte:

1. Freundschaft mit Abba-Vater

Wenn jemand Jesus fragte, wofür ER denn lebe, antwortete ER: *„Ich lebe für den Vater"* (vgl. Johannes 6,57). Die liebevolle Freundschaft mit SEINEM Abba ist für Jesus das Allerwichtigste! Wichtiger als jeder Dienst! Wichtiger als die Menschen! Sogar wichtiger, als das ganze Erlösungswerk am Kreuz und der grandiose Sieg am Ostermorgen! Denn Jesu Versöhnung hat nur ein Ziel: ER will uns Menschenkindern wieder den Weg eröffnen, auf dem wir zurück zu unserem himmlischen Vater kommen können! Ich lese so gerne in den Evangelien und kann mich gar nicht genug daran sattsehen, wie sich diese herrliche, innige Beziehung zwischen Vater und Sohn gestaltet. Beide suchen die gegenseitige Nähe. Das kostet Zeit, Hingabe und Fantasie. Jeder will nur den anderen erhoben sehen. Sie beschenken sich mit Ehre, Lob und Anerkennung. Demütig dienen sie dem Wohl des anderen. Hier finden wir das Ur-Modell gelebter Agape-Liebe.

2. Freundschaft mit Geschwistern unterwegs

So wird die *Vater-Sohn-Beziehung* zwischen Jesus und Abba zur Quelle aller wahren Gemeinschaft im Reich Gottes. Wer zu Papa auf den Schoß kommt oder an der Brust Jesu liegt, findet dort auch andere Geschwister vor. Wir sind nicht allein bei IHM! Denn wir alle leben von der Nähe und Intimität SEINER Liebe. So schickt Jesus die Jünger mindestens zu zweit auf den Weg. Gemeinde Jesu ereignet sich dort, wo sich zwei oder drei bei IHM bergen und versammeln. Die Apostel übernehmen das Vorbild ihres Meisters und reisen in Teams durch die Länder, um das Evangelium weiterzugeben. Die Bruderliebe (Griechisch: „*philadelphia*") wird somit zum Erkennungszeichen für Christen in aller Welt!

3. Freundschaft mit Sündern

Es ist gut, dass wir in den letzten Jahrzehnten zunehmend neu entdeckt haben, dass *Evangelisation* mehr bedeutet, als die bloße Vermittlung von Wahrheiten des christlichen Glaubens. Sie ist mehr als Traktate, Veranstaltungen oder zeitgemäße Predigten. Es geht nicht um *eine Sache*, sondern um *eine Person* – oder noch besser gesagt, es geht um die Freundschaft und Liebesbeziehung zwischen Jesus und sündigen Menschen. Deshalb können wir nicht nur *sachlich* bleiben, sondern müssen *persönlich* werden, wenn wir die Verlorenen so erreichen wollen, wie Jesus es tat. Einer der Ehrentitel unseres Herrn lautet *Freund der Sünder* (vgl. Matthäus 11,19)! Der Messias hält Tischgemeinschaft mit ziemlich kaputten Menschen. ER lädt sie zu SICH nach Hause ein oder besucht ihre Partys – und ER findet das auch noch gut! Liebe geht durch den Magen und auch durchs Herz! Bis heute kommen die meisten Menschen auf diesem *Weg der persönlichen Beziehung und Begegnung* ins Reich Gottes, wenngleich sich flankierende Maßnahmen (Medien, Events, etc.) auch hilfreich auswirken können. A und O bleibt aber das gelebte Gegenüber. Wir benötigen jemand, der uns unterwegs die Hand in der Liebe des Vaters entgegenstreckt. **Kein Mensch braucht den Weg allein zu gehen! Und keiner schafft es allein, den Weg zu gehen!** Das hat SICH unser Papa im Himmel so ausgedacht! Wir brauchen die Weg-Gemeinschaft!

Seit über zehn Jahren dürfen meine Frau Karin und ich nun schon in dieser herrlichen Offenbarung der Vaterliebe Gottes leben. Von Anfang an hat uns der Vater mit anderen Geschwistern auf diesem neuen Weg unserer Gottesbeziehung vernetzt. Im Laufe der Jahre entstand im ganzen Vaterland ein **Netzwerk**: das **TST** – *Töchter-und-Söhne-Treffen*, zu dem momentan weit über 100 Personen gehören. Wir treffen uns mehrmals im Jahr, um uns in unserer neuen, geschenkten Identität als **geliebte Kinder** gegenseitig zu ermutigen und zu stärken. Viele von uns leben darüber hinaus in Kleingruppen, die sich regelmäßig treffen. Wir nennen sie oftmals: **Abba-Weg-Gemeinschaften.**

Es erinnert uns ein wenig an *die Anfänge der charismatischen Bewegung* in den sechziger und siebziger Jahren des letzten Jahrhunderts. Damals erreichte die Offenbarung von der Person und Realität des Heiligen Geistes großflächig den Leib Jesu in vielen Kirchen. Überall entstanden Gruppen und Kreise, innergemeindlich oder überkonfessionell, in denen sich die Sehnsüchtigen und Hungrigen sammelten, die mehr vom Leben im Heiligen Geist erfahren wollten. Das, was sie schon geschmeckt hatten, reichte ihnen einfach nicht. Sie wollten das kostbare Geschenk, vom Praktizieren der Charismen bis hin zu Freiheit im Lobpreis, nicht wieder eintauschen gegen das bisher gewohnte Christsein. Eine (weltweite) Bewegung entstand, die kein Mensch hätte organisieren oder verwalten können. Neue Gemeinden (die Pfingstkirchen und andere frei-charismatische Gemeinden) entstanden, die zu Trägern dieser Dimension im Geist Gottes wurden. Es war und ist der Heilige Geist persönlich, der die Herzen in Brand setzte und setzt, und SICH neue Wege schafft. Heute sind Spuren der Genetik dieser Geist-Bewegung in fast allen Konfessionen deutlich zu finden. Der Heilige Geist hat in nur wenigen Jahrzehnten das Angesicht der Braut Jesu nachhaltig verändert!

Etwas Vergleichbares geschieht in der Vaterherz-Bewegung! Jetzt ist der Vater dran! Jetzt ist Vater-Zeit! Zu Beginn des neuen Jahrtausends offenbart sich unser Gott weltweit im Leib Jesu zunehmend als liebender Abba-Vater!

Und wieder entstehen Gruppen und Kreise von Geschwistern, die gemeinsam auf dem Weg sind und sich dort gegenseitig unterstützen. Allein in Deutschland sind in den letzten Jahren Dutzende von solchen **Abba-Weg-Gemeinschaften** (oder wie immer sie sich nennen mögen) entstanden. Das wurde und wird nicht zentral gesteuert, organisiert oder geplant. *Halleluja, das ist auch nicht zu schaffen!* Vielmehr haben sich wieder Hungrige und Sehnsüchtige in einzelnen Gemeinden und Kirchen, Städten und Regionen in der Liebe des Vaters freundschaftlich zusammengefunden. Geradezu wie Menschen, die sich in der Kälte der Nacht um ein wärmendes Feuer einfinden und sammeln.

So hilfreich *Seminare, Konferenzen und Gottesdienste* zum Thema *Vaterherz Gottes* sind, so schnell können die herrlichen Impulse und lebensverändernden Begegnungen auch wieder in den Herausforderungen des Alltags verloren gehen – wir geraten erneut aus der Spur. **Deshalb ist es so ungemein wichtig, Orte zu haben, an denen wir lernen können, auf dem neuen Weg zu bleiben und beständig darauf weiterzugehen!**

Es gibt kein Schema, nach dem solche Treffen ablaufen! So bunt und vielfältig, wie die Bedürfnisse und die jeweiligen Personen sind, werden auch die Gefäße aussehen. Aber so weit wir es mittlerweile überblicken können, gibt es doch eine große Fülle von Übereinstimmungen, die sich landauf, landab beobachten lassen:

Christen, die die Vaterliebe Gottes neu entdeckt haben und sich selbst als geliebte Kinder ihres himmlischen Vaters sehen lernen, kommen **regelmäßig** zusammen. Sie berichten von ihren **Entdeckungen und Offenbarungen**, die ihnen in ihrer Freundschaft mit Abba (beim Bibellesen und in Gebetszeiten) geschenkt wurden. Die Treffen sind geprägt von gemeinsamem Hören, Stille und **Warten auf Gott** (Vater-Briefe schreiben), Lobpreis und Anbetung, Baden in Papas Liebe in **Soaking-Zeiten, prophetische Symbolhandlungen, Abendmahl** feiern, persönliche **Segensgebete** etc. **Auffallend typisch** für solche Treffen **ist, dass es dabei immer ums Herz geht!** In diesen Weg-Gemeinschaften ist Raum und Zeit, Herz zu zeigen und einander herzlich zu begegnen. Hier braucht keiner eine Maske aufsetzen und den *coolen Macher und Besserwisser* zu spielen. Es kommt nicht darauf an, was einer alles besitzt, macht und kann. **Beim gemeinsamen Unterwegs-Sein geht es mehr ums SEIN, als ums HABEN und TUN! Hier zählt authentisches Leben im Alltag!**

Im Kern geht es jedes Mal darum, das eigene Herz mit dem Herzen des Vaters (wieder neu) in Kontakt zu bringen. Dadurch entstehen eine noch größere Vergewisserung der eigenen Identität als geliebte Tochter/geliebter Sohn und eine noch intimere Nähe und Liebesbeziehung zu Abba!

Ich hoffe, ich habe Dir etwas Appetit machen können und Du hast nun selbst Verlangen bekommen nach solch einer Lebensgemeinschaft von Vielgeliebten und Kindern Gottes! Schau Dich einfach mal um auf dem neuen

Weg und Du wirst bestimmt Weggefährten finden, denen Du eine Ermutigung sein kannst – und umgekehrt sie auch für Dich!

Ich schaffe es nicht allein! Ich brauche den Vater – und die Familie!

Zum persönlichen Weiterdenken ...

? Wo und wie erlebst Du die Offenbarung von Gottes Vaterliebe als einen neuen Weg in Deinem Glaubensleben? Siehst Du Veränderungen bei Dir oder anderen in Deinem Umfeld?

? Welcher von den drei Aspekten (Freundschaft mit Abba, Freundschaft mit Geschwistern, Freundschaft mit Sündern) ist Dir zurzeit am nächsten? Wie kannst Du den anderen Aspekten in Deinem Alltag auch noch nachkommen?

? Hast Du Interesse an einer Abba-Weg-Gemeinschaft? Wenn ja, welche nächsten Schritte möchtest Du jetzt gehen? Erkennst Du andere gleichgesinnte Herzen auf dem neuen Weg?

Kapitel 19

Sei gut zu dir selbst

Dort, wo ich geistlich herkomme und meine ersten Schritte im Glauben machte, galt folgende Regel: *Jesus tat alles für Dich! Was tust Du nun für IHN?! Dienen ist Dank für Golgatha!* Deshalb lebte ich für viele Jahrzehnte ein Christsein, das überwiegend von Dienst und Leistung geprägt war. Mein inneres Verständnis der Nachfolge Jesu war darauf aufgebaut, IHM durch meine Aktivitäten gefallen zu wollen. Alles war irgendwie Arbeit: *Missionsarbeit, Kinderarbeit, Bibelarbeit, Mitarbeit.* Die Sprache verrät uns. Ja, in manchen Bereichen artete das sogar so sehr aus, dass ich mir SEINE Anerkennung und SEINE Liebe zu verdienen suchte. Dieses innere Getriebensein führte schließlich zu einer Krise und dem Zusammenbruch. Auf Neu-Deutsch: *Burn-out!* Für mich stellte sich spätestens an diesem Punkt die Frage:

Wie können wir für Jesus brennen, ohne dabei auszubrennen?

Die große Entdeckung, die ich damals am Tiefpunkt meines Lebens machen durfte, war, dass ich einen liebenden Vater im Himmel habe, der mich **zuerst geliebt** hat, bevor ich IHM auch nur irgendetwas entgegenbringen konnte. SEINE Liebe ist – Gott sei Dank! – nicht von unserer Leistung abhängig! ER liebte uns, als wir noch SEINE Feinde waren und nichts von IHM wissen wollten. ER hat uns zuerst geliebt – und ER wird uns immer lieben, egal, was wir tun oder nicht tun. **Gottes große Liebe hat ihren Ursprung und ihre Kraftquelle in IHM selbst und nicht in uns! Ich kann nichts *machen*, damit ER mich mehr liebt, und ich kann auch nichts *machen*, aufgrund dessen ER mich weniger lieben würde!**

Ich weiß, das klingt nach der ersten Lektion eines Glaubensgrundkurses: *Gott ist die Liebe!* Nur leider haben die meisten altgedienten Christen (so wie ich) diese Basis-Offenbarung als prägende Grundlage ihres geistlichen Lebens nicht verinnerlicht. Im Laufe der letzten Jahre sind mir Hunderte und Tausende von Mitchristen begegnet, die bisher keine persönliche Offenbarung von der Vaterliebe Gottes erlebt hatten. Sie funktionierten (so wie ich) im Hamsterrad eines religiösen Systems unter falschen Voraussetzungen. Umso mehr freut es mich, dass jetzt so viele von diesen Vielgeliebten in die herrliche Freiheit der Kinder Gottes kommen! Und es werden immer mehr!

Ich erinnere mich noch schwach daran, dass in meiner *religiös-verprägten* Vergangenheit, alles, was Spaß machte, verdächtig *nach weltlichem Vergnügen* roch. Ernsthaft und verbissen versuchten wir, Gott zu beeindrucken. Lob und Anerkennung durfte es bei Menschen nicht geben; das gebührte allein Gott. Es wurde darüber gewacht, dass ja kein Mensch die Ehre bekam. Nur leider entwickelte sich daraus ein verkrampftes Christentum, in dem es keinen Platz mehr für spontane Freude und Lebensgenuss gab. Wir waren alle viel zu beschäftigt damit, Gott zu gefallen. Und weil uns das nur unperfekt gelang, waren wir die ganze Zeit unzufrieden und überwiegend mit unseren Sünden und dem Kampf mit dem Bösen beschäftigt. Wie grauselig-gruselig das war!

Halleluja – *es ist nicht zu schaffen!* Wir können uns nicht durch Eigenleistung den *„Berechtigungsschein Paragraf B"* für den Himmel verdienen! Die Gnade Gottes ist und bleibt ein unverdientes Geschenk! Das ist die Gute Nachricht für alle Pharisäer-Freunde (so wie ich einer war), die versuchen, aus eigener Kraft nach Gottes Willen zu leben und sich das ewige Leben mühsam zu erarbeiten. Das funktioniert nicht – niemals! Heute ist ein sehr guter Tag, damit aufzuhören!

Stattdessen dürfen wir bei unserem Papa-Gott auf dem Schoß sitzen und uns gesund lieben lassen von aller eigenen Werkgerechtigkeit und falschen Arbeitsgesinnung. Es gehört für mich zu den schönsten Erfahrungen der letzten Jahre, beobachten zu dürfen, wie Menschen in diesen **weiten Raum des Geliebtseins** von Abba-Vater eintreten. Und auf einmal wird ihr Leben wieder lebenswert! Sie können damit aufhören, kleinkrämerisch zwischen *weltlichen und geistlichen Dingen* unterscheiden zu müssen, weil ihnen **in allem, im Himmel und auf Erden,** die überfließende Agape-Liebe Gottes begegnet. *„Die Erde ist erfüllt von der Güte Jahwes"* (Psalm 33,5) – das ist eine völlig neue Sicht der Dinge und ein gänzlich erneuertes Lebensgefühl!

Ich konnte damals nicht gut zu mir selbst sein, denn erstens dachte ich, das sei vor Gott nicht in Ordnung, und zweitens – was viel schwerwiegender war – **kannte ich meine eigenen, innersten Bedürfnisse gar nicht.** Als *Pharisäer* stand ich nicht im Kontakt zu meinem eigenen Herzen, zu meinen Gefühlen und innersten Wünschen; es galt nur der nüchterne Tatsachen-Glaube. Aber als Vielgeliebter fließt mein Herz vor Liebe über. Jetzt werden Saiten von Vielfalt und Schönheit in mir zum Klingen gebracht, die ich vorher noch nicht kannte.

Die Liebe des Vaters beflügelt Künste und Kreativität in neuen Dimensionen. Das sehen wir an den Auswirkungen der *Vaterherz-Bewegung* in unserem Land: Neue Vater-Bücher werden geschrieben, neue Liebeslieder erklingen, eindrucksvolle Bilder werden gemalt, neue Segnungsformen werden praktiziert, Symbolkraft entfaltet sich in Dekoration und prophetischen Zeichenhandlungen, eine neue Kultur der gegenseitigen Wertschätzung und kindlich-spielerischer Leichtigkeit entsteht.

Es tut so gut, wenn wir das Potenzial, das in jedem von uns steckt, berühren und freisetzen können, sei es durch Kunst, Handwerk, Sport oder Wissenschaften. Jeder Mensch trägt einen Schatz des Himmels in sich. Dieses Erbe beginnt zu strahlen, wenn wir es aus Liebe Abba zurückschenken.

Die Geschenke SEINER Gnade und Liebe verführen keineswegs zur *faulen Passivität* oder zu *weich gespülter Wellness-Kuschel-Frömmigkeit*. Ganz im Gegenteil, wer anfängt, von den eigenen Werken zu ruhen, wird staunen, wie viel Produktivität und Frucht sein Leben hervorbringen wird.

> *„Bleibt in mir, und ich bleibe in euch! Gleichwie die Rebe nicht von sich selbst aus Frucht bringen kann, wenn sie nicht am Weinstock bleibt, so auch ihr nicht, wenn ihr nicht in mir bleibt! Ich bin der Weinstock, ihr seid die Reben. Wer in mir bleibt und ich in ihm, der bringt viel Frucht; denn getrennt von mir, könnt ihr nichts tun"* (Johannes 15,4-5).

Erst in den letzten Jahren hat sich meine kleine Welt um diesen neuen Horizont erweitert: **Ich bin für die größte Liebe im Universum geschaffen worden! Ich darf meinen Gott kennen und genießen lernen. Ich darf mich selbst entdecken und genießen lernen. Die ganze weite Welt und der unendliche, herrliche**

Himmel stehen offen für mich! Ich darf gut zu mir selbst sein, denn Abba ist gut zu mir! Und dabei lebe ich effektiver und produktiver als je zuvor!

Unser Vater im Himmel beschenkt uns so super gern! ER will SEINE Kinder glücklich sehen! Es bereitet IHM Freude, wenn es uns gut geht!

> *„Ich werde meine Freude an ihnen haben, ihnen Gutes zu tun"*
> (Jeremia 32,41; ELB).

Wir alle können noch besser lernen, es uns in SEINER Liebe gut gehen zu lassen!

Zum persönlichen Weiterdenken ...

? Aus welcher Ecke des Reiches Gottes kommst Du ursprünglich? Ist Dein bisheriges Glaubensleben eher von „Gnade und Liebe" oder von „Gesetz und Werken" geprägt? Was hat das jeweils mit Dir gemacht?

? Kennst Du auch den Pharisäer in Dir, der es Gott recht machen will und durch eigene Anstrengung zu glänzen versucht? Wie begegnest Du dem Wunsch in Deinem Herzen, es selbst machen und allein schaffen zu wollen?

? In welchen Lebensbereichen hat die Liebe des Vaters Dich bereits wachgeküsst? Kannst Du gut zu Dir selbst sein? Wie passen die Worte „glauben" und „genießen" für Dich zusammen?

Kapitel 20

Weltverbesserer

Wie hätten sich die Worte Jesu wohl in unseren Ohren angehört: *„Geht hin bis an die Enden der Welt und macht alle Völker zu meinen Jüngern ...“* (Matthäus 28,19; eigene Übertragung)?

Diesen kleinen, revolutionären Satz sagte Jesus damals zu sehr einfachen Menschen: Fischern und andere Handwerkern, die höchstwahrscheinlich noch nie die Grenzen ihres eigenen Heimatlandes überschritten hatten, geschweige denn über das nötige Kleingeld, über Fremdsprachen- oder Geografiekenntnisse verfügten. Es gab noch keine Jumbojets, keine Handys und kein Internet! Kann man sich das vorstellen?! Das Meiste auf den damaligen Landkarten waren noch unerforschte, weiße Flecken. Man war sich noch nicht mal im Klaren, ob die Erde eine Scheibe oder eine von Meeren umgebene Insel sei. Wo sind denn da bitte *die Enden* zu finden??? Und wie sollen elf Männer (plus dem Reserve-Apostel Matthias) *alle Völker* erreichen? Dafür reicht doch ein Menschenleben gar nicht aus! Das ist wirklich *Mission impossible* – ein unmöglicher Auftrag!

Der Missionsauftrag wäre von Anfang an zum Scheitern verurteilt gewesen, hätte **Jesus dabei nur auf die Jünger gezählt! ER wusste, dass sie diese gewaltige Herausforderung niemals allein bewältigen können!** *Halleluja, das ist wieder einmal nicht zu schaffen!* **Dies war von Anfang an SEIN Plan! ER gab SEINEN Freunden eine Aufgabe, die sie auf keinen Fall ohne IHN lösen konnten!**

Und genauso macht unser Meister seit 2.000 Jahren weiter! ER erteilt Aufträge, vermittelt Visionen, schenkt Träume und Sehnsüchte auf dem Hintergrund SEINES Königreiches, die für die Gemeinde Jesu unerreichbar sind.

Bei Licht betrachtet ist das Reich Gottes menschlich unmöglich und nicht zu schaffen! Es kann nur dann gelingen, wenn der kleine Zusatz gilt, den Jesus zum Schluss sagt: *„Und siehe, ich bin bei euch alle Tage bis ans Ende der Weltzeit"* (Matthäus 28,20).

Wir sind *klitze-kleine Leute* auf einem riesen-großen Globus! Unser blauer Planet ist ein winzig kleines Teilchen in einem viel größeren Sonnensystem. Und unsere Milchstraße ist wiederum nur ein Staubkorn am Firmament des Universums. Das ganze Weltall mit seinen Myriaden von Sternen und Galaxien ist lediglich das *schnuckelige Vorzimmer* zu Abba-Papas gewaltig-großem Himmelspalast! Wer könnte das zu Ende denken?! Aber wir tun oft so erwachsen und gescheit, als wüssten wir alles schon – oder als wäre es nur eine Frage der Zeit, bis wir die passenden Antworten *googeln* könnten.

Als Jesus die Jünger berief, die Kraft und Botschaft SEINER Agape-Liebe in alle Teile der Welt hinauszutragen, machte ER sie nicht zu Übermenschen oder roboterähnlichen Aliens. ER befahl auch nicht geschäftsmäßig in Manager-Manier: *„Ihr müsst euch aber jetzt mächtig ins Zeug legen und alle Anstrengungen verdoppeln, damit ihr die Erfolgsquote erfüllt! Helft euch selbst, dann hilft euch Gott! Auf, in die Hände gespuckt und dann geht es los!"* Wie konnte es dann nur zu dieser fatalen Fehlentwicklung in der Gemeinde Jesu kommen? Selbst 2.000 Jahre später denken Menschen immer noch in solchen Verzerrungen, als müssten wir (wie beim Fußball) **das Ding irgendwie selbst reinmachen!**

Im Gleichnis gesprochen: Jesus ist *die Sonne*, wir sind der lediglich *der Mond*. Wir haben keine Leuchtkraft in uns selbst. Wenn uns die Sonne nicht anstrahlt, sind wir gar nicht mal zu sehen. Aber wenn wir in der richtigen Umlaufbahn unsere Kreise ziehen, können wir als Vollmond sogar die dunkelste Nacht erhellen. So ist das auch zu verstehen, wenn unser Meister sagt: *„Ich bin das Licht der Welt"* (Johannes 8,12) und an anderer Stelle zu SEINEN Jüngern gewandt: *„Ihr seid das Licht der Welt"* (Matthäus 5,14).

Oftmals denken und handeln wir aber so, als ob alles von uns abhinge. **Dann spielen wir die *Weltverbesserer* und die *Retter vom Dienst* – dann wollen wir selbst ein bisschen *Gott spielen!***

Auf einem der letzten Vaterherz-Seminare wurden wir Zeugen einer wunderbaren Wandlung. Zum Abschluss des Seminars kam ein Mann nach vorn, den viele in seiner Gemeinde als kritischen Menschen kennengelernt hatten (was so manchen echt nervte). Dieser Mann stellte sich vor die Versammlung und sagte in etwa Folgendes:

> *„Ihr wisst ja, dass wir zurzeit hier in manchen Fragen nicht immer einer Meinung sind. Dabei finde ich, dass ich doch recht habe!!! Aber an diesem Wochenende hat mich mein himmlischer Vater voll erwischt und weich gekocht in SEINER Liebe. ER hat mir gezeigt, dass der Teufel auch immer recht haben will. Und mit dem Teufel will ich nicht auf einer Ebene stehen! Bei Abba geht es gar nicht zuerst ums Recht, sondern um Liebe. Papa sagt, ich soll rausgehen und lieber mit euch anderen spielen, als mein Recht einzufordern. Ja, und das mach ich jetzt so!"*

Selbst-Gott-Spielen oder *mit-Papa-spielen-gehen* – das ist hier die Frage!

Kinder sind nicht dafür geschaffen worden, Notfall-Rettungsprogramme für eine bedrohte Welt zu erfinden. Die brennenden Fragen unserer Zeit sind viel zu groß! Die Verantwortung für sieben Milliarden Menschen ist viel zu schwer, als dass wir sie in unseren kleinen Herzen tragen könnten! Das schaffen wir nicht allein!

Aber was wir können, ist, uns selbst beständig mit SEINER Liebe füllen zu lassen, bis wir überfließen! So können wir dann SEINE Liebe weiterströmen lassen zu einer durstigen Menschheit. Wir können SEIN Licht in die dunkle Nacht dieser Weltzeit reflektieren und somit Orientierung geben. Und mit jedem Mal wird es ein Stück heller und besser werden auf dieser Welt ...

> *„Jesus, dein Licht füll dies Land mit des Vaters Ehre!*
> *Komm, Heil´ger Geist! Setz die Herzen in Brand!*
> *Fließ Gnadenstrom, überflute dies Land mit Liebe!*
> *Sende dein Wort! Herr, dein Licht strahle auf!"*[6]

Ich weiß nicht, wie mein Papa das schafft, aber ich weiß, dass ER es schafft! Jesus ist *der Retter der Welt!* Unser Gott ist der *wahre Weltverbesserer!* Und nicht wir!

---

6 *Lied von Graham Kendrick, deutscher Text: Manfred Schmidt, © 1988 Make Way Music*

Wie heißt es so schön:
Ich habe drei gute Nachrichten für euch!
Erstens: Es gibt einen Gott!
Zweitens: Ich bin es nicht!
Drittens: Du aber auch nicht!

Zum persönlichen Weiterdenken ...

? *Wie wirkt der (sogenannte) „Missionsbefehl" Jesu auf Dich? Welche Gedanken hast Du Dir dazu gemacht und wie versuchst Du ihn auf Dein Leben anzuwenden?*

? *An welchen Stellen wird die Welt durch Dich ein Stück besser? Wo reflektierst Du schon SEINE Liebe und welche Auswirkungen hat das auf Deine Umgebung?*

? *Kannst Du Bereiche in Deinem Leben erkennen, wo Du in Gefahr stehst, selbst „Gott spielen" zu wollen? Wie könnte ein Weg aussehen, um aus dieser Abseitsfalle wieder rauszukommen?*

Kapitel 21

Vaters Land

In mir brennt eine Vision:

Ich sehe unsere Nation überflutet mit der Liebe des Vaters – so werden wir ein Segen für die Welt!

Deutschland ist eines der wenigen Länder, das sich selbst „*Vaterland*" nennt. Seit vielen Jahren beten Christen hier bei uns Zuhause und überall auf dem Erdball, dass unser Volk endlich in seine Bestimmung kommt. **Aus dem Vaterland soll Vaters Land werden!** Viele Menschen in Deutschland sollen wachgeküsst werden durch die Liebe des Vaters. In SEINEN liebenden Armen verschwinden Schuld und Scham. Dort werden wir gesund-geliebt und freigesetzt. Ein Volk, das in seiner Geschichte immer auf der Suche nach dem Übervater war und dabei in die Hände von grausamen (Ver-)Führern und falschen Vorbildern geriet, kommt endlich im Vaterhaus der Liebe Gottes an! Aus *hässlich-stolz-aggressiven Deutschen,* die alles besser machen wollen als der Rest, werden unperfekte Kinder des Allerhöchsten. Weil sie sich geliebt wissen, können sie ihrem himmlischen Vater voll vertrauen. **Aus erfolgreichen Machern (Made in Germany) werden demütige, leichtfüßige, kleine Leute, die nicht alles selbst in der Hand haben, die aber an der starken Hand eines super-großen, guten Daddys unterwegs sind!**

Die herrliche Botschaft von Abbas Liebe brachte meine Frau Karin und mich in den letzten Jahren auf so manche **Reise in ferne Länder**; sogar bis nach Neuseeland, also quasi bis ans Ende der Welt. Überall, wo wir im Ausland hinkamen, lösten wir Verwunderung aus. Dass deutsche Gastsprecher nichts anderes zu predigen wissen, als die Liebe des Vaters, und dann auch noch mit *roten Plüschherzen* für Menschen beten und andere verrückte Sachen machen – also das passt irgendwie nicht in das Bild von *Deutschen*. Man hätte eher einen brillanten, hoch-theologischen (vor allem rational-logischen) Vortrag erwartet, aber nicht so etwas: **so viele Emotionen, so viel Lachen und Weinen. So viel Kindlichkeit und entwaffnende Ehrlichkeit.**

Immer wieder sagen uns dann dort die Leute:

> *„Ihr wirkt so ungekünstelt und echt. Authentisch. Ihr erzählt so ehrlich von euch. Das macht es einem leicht, auch zu den eigenen Schwächen und Wunden zu stehen. Bei euch muss man keine Masken tragen und den Starken markieren. Ihr seid zwar Erwachsene, aber lebt mehr wie groß gewordene Kinder. Ihr lacht so viel und seid so entspannt. Als Team kommt ihr gar nicht wie Mitarbeiter rüber. Ihr seid vielmehr – Familie. Pausenlos redet ihr von „Abba, Papa"! Euer Gott scheint nett zu sein! ER muss euch nahe sein. Das, was ihr da habt, das wollen wir auch haben ...!"*

Und dann beten *wir Deutsche* – einfach-kindlich-unvollkommen:

„Liebe des Vaters komm!" **Und Abba kommt und berührt SEINE Kinder mit SEINER grandiosen Liebe. Jeden so, wie er es gerade braucht!**

Manchmal etwas spektakulärer mit einem *kleinen Feuerwerk* an Emotionen, aber meistens ganz unaufgeregt, still und leise. ER ist der, der einfach alles macht! Denn ich kann keine Herzen heilen, keine Biografien neu schreiben, keine Wunden verschließen, keine Täter begnadigen, keine Wunder vollbringen – wohl aber MEIN PAPA! Mein Papa im Himmel kann einfach alles! *Halleluja, ich schaffe es nicht allein!* Halleluja, dafür ist ER zuständig! Wenn Abba kommt, wenn ER da ist, wird einfach alles gut! Keine Ahnung, wie ER das hinbekommt. Mal dürfen wir ein bisschen *mitmachen* und Hilfestellung geben (so wie damals beim Bockspringen im Sportunterricht, wo ich auch nicht allein über das Turngerät kam und mir jemand freundlich unter die Arme greifen musste). Aber das Eigentliche, das kann nur ER allein *machen, geben, schaffen!*

Wenn Gottes Vaterliebe kommt, dann geschehen die Wunder!

Was haben wir dazu beigetragen? Was war *mein Job* dabei? Ich habe vielleicht ein bisschen die Hand aufgehalten. Habe ein wenig ÖL SEINER Liebe aufgefangen und weiterfließen lassen. Habe anderen von Papa vorgeschwärmt.

Bin einem *unvernünftigen* Impuls nachgegangen und habe ihn kindlich in die Tat umgesetzt. Habe jemanden gefühlte Stunden lang im Arm gehalten und Tränen abgewischt. Habe jedem erzählt, wie sehr der Vater ihn liebt und wie unendlich kostbar wir alle in Abbas Augen sind. Und das in hundert Variationen von Worten und Predigten – so ungefähr und noch mehr!

Ich liebe das – das kann ich tun, das will ich tun, bis Jesus wiederkommt!

Wenn Du mich fragst, was **das Entscheidende** bei der Offenbarung des Vaterherzens Gottes ist, werde ich Dir antworten: *Du entdeckst, dass die ganze Welt eine unmögliche Zumutung ist, die niemals funktionieren kann. Du siehst Deine eigene absolute Ohnmacht. Zugleich bist Du überwältigt von der Größe und Liebe unseres Gottes, der alles zusammenhält und Herr der Lage ist. Dieses Erkennen wird Dein Herz erobern und Du wirst Dich IHM als Freund und Vater völlig anvertrauen. Jeden neuen Tag Deines weiteren Lebens wirst Du nun durchbuchstabieren, wie Du Papa kindlich vertrauensvoll auf allen Wegen nachfolgen kannst. Je mehr Du IHN kennenlernst, je mehr Du SEINE bedingungslose Liebe praktisch erfährst, umso mehr wirst Du Abba bedingungslos vertrauen können.*

Dieser Lebensstil von Geliebt-sein und Vertrauen-können ist die schönste Form von Leben auf dieser Welt. Ich denke sogar, sie ist die einzig mögliche Form von wahrem Leben und Christsein überhaupt. Alles andere wäre nur zweite Wahl oder noch weniger! Ich drehe mich um und werfe einen **kurzen Blick zurück** auf meinen Lebensweg. Vor zehn Jahren befand ich mich am Tiefpunkt meiner Biografie. Alles war am Ende: meine Ehe, meine berufliche Karriere, meine Berufung, meine Träume und Hoffnungen. Ich musste schmerzhaft ans Ende meiner eigenen Möglichkeiten kommen, um zu entdecken: *„Halleluja, es ist nicht zu schaffen! Wenn ich je Gott brauchte, dann jetzt!"* Ewig werde ich meinem Abba dafür danken, dass ER mein Schreien hörte! Genau in dieser dunkelsten Phase meines Lebens kam ER zu mir und fing an, mir SEINE Vaterliebe zu offenbaren. Unverdientermaßen gab ER mir mein Leben zurück – als gnädiges Geschenk ohne Gegenleistung. Er legte SEIN pulsierendes Herz auf mein totes Herz, ER reanimierte mich, hauchte mir neuen Odem ein und machte, dass mein Herz wieder zu schlagen begann, wie bei einem Menschen, der schon einmal klinisch tot war. **Ja, so fühle ich mich: auferstanden und zurück von den Toten! Wiederbelebt durch SEINE Liebe! Von-neuem-geboren durch SEINE Güte!**

Ich muss oftmals schmunzeln, wenn ich den Leuten beim Beten *mein rotes Plüschherz* auf ihr physisches Herz lege. Dann sehe vor meinem inneren Auge einen **Defibrillator** (dieses medizinische Notfallgerät zur Reanimation von Menschen, u. a. bei Herzversagen) und höre die Worte: *„Weg vom Tisch!"* Ich muss daran denken, wie elektrischer Strom durch den schlaffen Herzmuskel fließt und dem Organ den nötigen Impuls zum Schlagen gibt. So stelle ich mir das auch im Geist vor. Abbas Liebeskraft durchströmt unser totes Herz und erweckt es zu neuem Leben. In den letzten zehn Jahren durfte ich als Augenzeuge miterleben, wie Papas himmlische *„Herzbelebungsmaschine"* nicht nur mein eigenes Herz, sondern auch so viele andere Herzen neu zum Schlagen brachte. Das ist jedes Mal so wunderschön! Ich will das dankbare Staunen darüber nie verlieren!

Am liebsten würde ich jetzt Hunderte von Geschichten erzählen von vielgeliebten Töchtern und Söhnen, die Abbas Liebe zurück ins Leben brachte. Viele würden sogar sagen (so wie ich)*: „Ich hatte eigentlich noch nie richtig gelebt, bevor mir Abbas Liebe begegnet ist! Jetzt erst fange ich richtig zu leben an und entdecke, wie herrlich das ist! Der Unterschied zu meiner früheren Existenz erscheint mir mindestens so gravierend wie der Unterschied zwischen Schwarz-Weiß-Fernsehen zu Farbfernsehen!"*

Neue Vater-Geschichten werden geschrieben und verbreiten sich mehr und mehr in Vaters Land. Sie werden in Büchern aufgeschrieben, sie werden in neuen Liedern gesungen, sie ziehen ihre Kreise als gute Nachrichten von Abbas Liebe bei *Facebook* und in anderen sozialen Netzwerken. Der *Spätregen* ist nicht mehr aufzuhalten und lässt den Strom über die Ufer treten, bis das ganze Land von der Herrlichkeit des HERRN überflutet sein wird! Deutschland wird Vaters Land, so wie alle Länder der Welt voll SEINER Güte sein werden!

Zum persönlichen Weiterdenken ...

? Mit welchen Augen betrachtest Du Deutschland? Was empfindet Du bei der Bezeichnung „Vaterland"? Wie füllst Du diesen
Begriff für Dich selbst? Kannst Du darin eine Berufung für unsere Nation entdecken?

? Wie sieht Deine bisherige Reise ans Vaterherz Gottes aus?
Mach bitte eine kurze Standortbestimmung, am besten schriftlich mit ein paar Stichworten. Was hat Dich vorangebracht?
Wo empfindest Du noch Blockaden, Dich SEINER Liebe zu öffnen?

? Hast Du in letzter Zeit Vater-Geschichten anderer Leute gehört, durch persönliche Berichte, Medien, etc.? Was ist Dir
dabei aufgefallen? Wo gibt es Parallelen, wo Unterschiede zu
Deiner eigenen Vater-Geschichte?

Kapitel 22

Fit für das 3. Jahrtausend

Im Prophetenbuch **Hosea** lesen wir folgende Worte:

> „Kommt, wir wollen wieder umkehren zum Herrn! Er hat uns zerrissen, er wird uns auch heilen; er hat uns geschlagen, er wird uns auch verbinden! Nach zwei Tagen wird er uns lebendig machen, am dritten Tag wird er uns aufrichten, dass wir vor ihm leben. So lasst uns ihn erkennen, ja, eifrig trachten nach der Erkenntnis des Herrn! Sein Hervorgehen ist so sicher wie das Licht des Morgens, und er wird zu uns kommen wie ein Regenguss, wie ein Spätregen, der das Land benetzt" (Hosea 6,1-3).

Seit Beginn des **3. Jahrtausends** begleiten mich diese Verse als ein gewaltiger Zuspruch des Himmels. Bei unserem Ewig-Vater sind *tausend Jahre* wie ein Tag. Der *dritte Tag* spielt oft eine wichtige Rolle in SEINEN Plänen. Nach drei Tagen stand Jesus von den Toten auf! Halleluja! Wie Jesus Christus von uns gegangen ist, so wird ER auch wiederkommen! **Unsere irdische Menschheitsgeschichte hat einen Anfang und ein Ende, eingebettet in der ewigen Liebe des Vaters! Die Wiederkunft Jesu ist ein fest beschlossenes Datum, das in unserer Zukunft liegt und auf uns zukommt! Heute sind wir der Wiederkunft unseres geliebten HERRN näher, als je zuvor!**

Ich will und werde mich nicht an **endzeitlichen Spekulationen** beteiligen; dennoch erahne ich in meinem Geist, dass das 21. Jahrhundert schon ziemlich nah dran ist. **Bald schon** werden wir Jesus von Angesicht zu Angesicht sehen! An dieser Stelle gilt wiederum die Feststellung: Wir Menschenkinder wissen nicht, wann und wie! *Halleluja, es ist nicht zu schaffen!* Das Ende der Zeit lässt sich menschlich nicht berechnen! Weder die *düsteren Prognosen* von Wissenschaftlern und Umweltaktivisten, die unseren Planeten bereits in den letzten Zügen sehen, noch die orakelhaften *pseudo-prophetischen Zahlenspielereien* sektiererischer Gruppierungen, die meinen, sie könnten die genauen Zeiten vorhersagen, aber auch nicht die *apokalyptischen Heilsfahrpläne* Bibelgläubiger, die so tun, als wüssten sie bereits jedes Detail über das Tausendjährige Reich und die anderen letzten Dinge – **alle Versuche, die Wiederkunft Jesu, das Ende der Weltzeit, berechnen zu wollen, müssen fehlschlagen.** Sie greifen viel zu kurz! Das ist nicht zu schaffen!

Nur unser Vater im Himmel, einzig und allein, weiß Tag und Stunde!

Selbst *der* Sohn Gottes, Jesus Christus, bekennt: *„Um jenen Tag aber und die Stunde weiß niemand, auch die Engel im Himmel nicht, auch nicht der Sohn, sondern nur der Vater"* (Markus 13,32).

Das letzte Buch der Bibel heißt nicht umsonst *Apokalypse.* Dieses Wort bedeutet: *ein verborgenes Geheimnis, das zunehmend offenbar und bekannt gemacht wird!* Im Laufe der *Menschheitsgeschichte* schreibt Papa *Heilsgeschichte* und lüftet darin mehr und mehr das Geheimnis SEINER Liebe. Wir erkennen noch nicht alles klar. Die *Offenbarung des Johannes* erscheint vielen Lesern eher rätselhaft mit ihren Bildern, Zahlen, Metaphern und Visionen. Wie gesagt, Kinder können am besten Bilderbücher verstehen. Deshalb malt uns Abba ein Szenario vor die Augen unserer Herzen. Diejenigen, die nun meinen, sie könnten daraus einen klaren zeitlichen Ablauf ablesen und genau datieren, irren sich gewaltig. Papa geht es nicht zuerst um Termine und statistische Erhebungen. ER will SEINEN Kindern einen **inneren Eindruck vermitteln** von dem, was da auf uns zukommen wird! Das sind Bilder und keine Sachinformationen! Bilder müssen intuitiv erspürt werden. Sie zeigen Wirkung und lassen sich nicht eins-zu-eins rational übertragen.

Fernab theologischer Streitfragen gibt es in der Bibel **klare Aussagen** zum Thema *Zukunft.* Bei aller möglichen Vieldeutigkeit, wenn es um **die letzten Dinge** geht, zeigt sich eine eindeutige Schnittmenge, die unsere Zukunft skizziert:

- Unser Schöpfer-Gott ist **ewig**! ER lebt in einer anderen Dimension – wir nennen das *Himmel*. ER steht oberhalb von Raum und Zeit! ER ist der Ewig-Vater und wir sind SEINE geliebten Kinder.

- Auch wir Menschen sind **für die Ewigkeit geschaffen** und tragen ein Stück Ewigkeit in uns. Wir hatten ursprünglich Zugang zu beiden Welten, der unsichtbaren himmlischen Welt und der sichtbaren geschaffenen Welt.

- Aufgrund der Auswirkungen des Sündenfalls musste der Vater **Grenzen** setzen. Der sündige Mensch wurde räumlich beschränkt auf das Diesseits und seine Zeit auf wenige Jahrzehnte bis zum physischen Tod.

- Der Tod stellt zwar eine schmerzhafte Grenze dar, aber er ist nicht das Ende, sondern ein Übergang. Alle Menschen werden jenseits von Zeit und Raum **ewig leben**.

- Der Mensch konnte die Beziehung zu Gott, die durch die Sünde zerstört war, selbst nicht heilen. Deshalb sandte Gott SEINEN Sohn Jesus und versöhnte uns mit SICH selbst. Der Weg ist wieder frei. Wir bekommen durch Jesu Tod am Kreuz und die Auferstehung **ewiges Leben** beim Vater geschenkt.

- Die Geschichte der Menschheit nimmt **einen doppelten Ausgang**: Menschen, die den Opfertod Jesu für sich als Geschenk annehmen, werden in Ewigkeit beim Vater leben – das wird **Himmel** sein. Menschen, die dieses Geschenk ablehnen, werden eine Ewigkeit getrennt von IHM existieren – das wird **Hölle** sein.

- Bis dahin gibt es zwei entgegengesetzte Bewegungen, die aufeinandertreffen und enorme Spannungen hervorrufen: Das **Reich der Finsternis** reift aus, anti-christlich – es wird auf der Welt dunkler durch dämonische Aktivitäten und Zerstörung. Aber auch die andere Realität findet statt: Das **Reich Gottes** wächst und bricht sich Bahn in Macht und Herrlichkeit. Beides gilt – es wird dunkler und heller zugleich!

- Dieser Kampf zwischen Licht und Finsternis wird bis zum Schluss andauern. Erst das erneute Erscheinen, **die Wiederkunft Jesu** auf dieser Erde, wird die endgültige Erlösung bringen. Abba wird alles gut machen, richten, zurechtbringen. Alles Antigöttliche wird ein Ende finden.

- Die Bilder, die unsere **Zukunft beim Vater im Himmel** beschreiben, sind durchweg positiv: *Siegesfeier, Hochzeit, Festmahl, Königspalast, Heimat* ... Das wird Herrlichkeit sein!

■ Bis dahin leben wir im Spannungsfeld beider Realitäten zwischen **Himmel und Erde**. Mit dem Herzen im Himmel und mit den Beinen auf der Erde. Wir brauchen *Flügel und Wurzeln*.

Die Worte Jesu sind unmissverständlich: „*Wer aber aussharrt bis ans Ende, der wird gerettet werden*" (Matthäus 24,13). Es geht ums *Dranbleiben!* **In SEINER Liebe bleiben, das ist das Allerwichtigste. Wer im Hier und Heute bereits in der Liebe des Vaters lebt, erfährt schon ein Stück Himmel auf Erden!**

Ich träume von einer *endzeitlichen Braut-Gemeinde* **Jesu, die nicht ängstlich auf Unmöglichkeiten und desaströse Umstände schielt, sondern voller Zuversicht, Stärke und Schönheit an der Hand des Vaters mutige Schritte wagt! Geliebte Kinder sind starke Kinder. Gemeinden voller Vaterliebe sind fit fürs 3. Jahrtausend – bis Jesus wiederkommt!**

Zum persönlichen Weiterdenken ...

? Wie erlebst Du das angebrochene 3. Jahrtausend? Wo siehst Du Chancen, wo Gefahren? Beschreibe in kurzen Stichworten das Lebensgefühl der Menschen um Dich her!

? Welchen Zugang hast Du zur Apokalypse, insbesondere zur Offenbarung des Johannes? Welche Lehrmeinungen über die Wiederkunft Jesu und das Ende der Welt sind Dir bisher begegnet? Wie stellst Du Dir das vor und welche Bibelstellen sind Dir dabei wichtig geworden?

? Wenn „Dranbleiben an der Liebe des Vaters" das Allerwichtigste in der Endzeit ist, was bedeutet das dann für Dein Leben? Wie möchtest Du Deinen Alltag gestalten, um nicht mehr aus dieser Dimension des Geliebtseins zu fallen?

Worte zum Schluss

An dieser Stelle will ich mich ganz herzlich bei allen Lesern bedanken, die mir aufmerksam durch die Seiten meines neuen Buches gefolgt sind. Mein Gebet ist es, dass Dir dabei Abbas große Liebe an vielen Stellen persönlich begegnen konnte! Gemeinsam haben wir hier **eine himmlische Wirklichkeit berührt**, die die Macht besitzt, unser Leben für immer positiv zu verändern! Ich erahne nur, was geschehen könnte, wenn viele Kinder Gottes auf der Welt beginnen, in dieser Dimension zu leben. Dafür will ich mich voll und ganz einsetzen!

Mich hat das Aufschreiben der Gedanken und biblischen Entdeckungen selbst wieder einmal überreich beschenkt und gesegnet. Auch wenn es nicht in perfekten und geschliffenen Worten daherkommt, was ich zu Papier bringen durfte. Es wirkt auf mich eher wie die *Schatzsammlung eines kleinen Jungen in seiner Hosentasche! Ein paar Murmeln, Muscheln, Schrauben und seltsame Fundstücke ...* **Schätze, die man nur mit den Augen eines Kindes sehen kann!** Es war mir eine Freude, meine Kostbarkeiten mit Dir zu teilen! Nun wünsche ich Dir ebenso viele Überraschungen und Zeichen SEINER Liebe auf Deinen Wegen!

Abba schafft es! ER wird es auch mit Dir schaffen! Vertraue IHM kindlich!

Wie immer freue ich mich über Reaktionen und Erfahrungen meiner Leser. Wenn Du gerne etwas von Deinen Entdeckungen berichten möchtest, dann schreibe bitte eine E-Mail an: vaterherzbuero@ichthys-hannover.de.

Weitere Informationen zu Seminaren und Konferenzen findest Du auf unserer Homepage: www.vaterherz.org.

Lebe geliebt – und liebe das Leben mit Abba!

Matthias Hoffmann
Hannover, September 2012

Weitere Bücher von Matthias Hoffmann:

Matthias Hoffmann

100 Tage in der Liebe des Vaters

Ein 30-Minuten-Weg für 100 Tage

Hier ist ein Buch für jeden Tag. Es möchte den Leser in die liebende Gemeinschaft mit Gott, dem Vater, führen. Es braucht täglich etwa 30 Minuten, um den Weg mitzugehen. Für jeden Tag gibt es einen Lernvers, ein Gebet, eine biblische Lesung, einen konkreten Impuls und einen praktischen Schritt, den es gleich umzusetzen gilt.

Als Andachtsbuch läßt es dem Leser große Freiheit - er kann verweilen, wiederholen oder auch eine Pause einlegen, denn es geht nicht um ein Abhaken von Tagen.

109 Seiten, gebunden

Bestell-Nr.: 52 50401
ISBN 978-3-935699-63-1

Erhältlich im Buchhandel oder direkt bei :
cap-books • 72221 Haiterbach-Beihingen • Tel.: 07456-9393-0 • info@cap-music.de • www.cap-music.de

Matthias Hoffmann

Gottes Vaterherz entdecken

Jetzt ist Vaterzeit! Gott neu als den liebenden Vater entdecken.

Können wir zusammen mit Jesus sagen: „Ich lebe für den Vater!" (Johannes 6, 57)? Kennen wir diese einzigartige Liebesbeziehung zu unserem Gott als Vater? Oder leben wir nur für unseren Dienst und für unsere Berufung?

Ein inspirierendes Buch und Bestseller!

138 Seiten, gebunden

Bestell-Nr.: 52 50402
ISBN 978-3-938324-14-1

Matthias Hoffmann

Freundschaft mit Abba-Vater

Wie aus der Problemzone „Stille Zeit" eine tiefe und beglückende Beziehung zu Gott werden kann.

Es könnte nach der Lektüre sein, dass aus dem inneren Druck: ‚Ich muss jetzt Stille Zeit machen' die Sehnsucht wird: ‚Abba-Vater, es ist so schön mit dir, du wirst mir Anteil geben an dem, was dich bewegt — und ich kann dir sagen, was mir am Herzen liegt.'

Der Autor Matthias Hoffmann lädt uns ein, die Erfahrungen, die er gemeinsam mit vielen anderen Menschen gemacht hat, zu hören und zu verarbeiten. Es ist die Liebe des Vaters, die uns so kostbar macht. Unser himmlischer Vater hat Sehnsucht nach jedem einzelnen seiner einzigartigen Kinder."

149 Seiten, gebunden

Bestell-Nr.: 52 50403
ISBN 978-3-86773-001-3

Matthias Hoffmann

Gottes Vaterherz in den Psalmen entdecken

100 Tage in der Liebe des Vaters. Ein 30-Minuten-Weg für 100 Tage.

Mit diesem Buch öffnet sich ein 100-Tage-Weg in die Psalmen, um dort Gott als liebenden Vater zu entdecken. Viele geistliche Einsichten und Erkenntnisse sind zu finden, ein Schatz für jeden Tag. Komm mit auf Entdeckungsreise in die Psalmen!

„Der Gott, an den ich seit meiner Kindheit glaube, besitzt ein Vaterherz voller Liebe für mich – und auch für jeden einzelnen Menschen auf der ganzen Welt. Ich weiß nun, dass mein Gott nur gut ist, ER kann gar nicht anders!"

120 Seiten, gebunden

Bestell-Nr.: 52 50405
ISBN 978-3-86773-111-9

Idee und Text: | Illustrationen:
Matthias Hoffmann. | Victor Geist.
Dipl.-Designer,
Illustrator und
Künstler

Baudolino

- der Clown, der den Menschen Tränen schenkte

Eine Bildergeschichte für Kinder (und Erwachsene).

Immer wenn der Clown Baudolino auf seiner Geige spielt, müssen die Menschen weinen. Aber sie werden nicht traurig, sondern froh. Eine Geschichte, die die Herzen bewegt und berührt.

Format: 21,5 x 21,5 cm, vierfarbig, 32 Seiten

Bestell-Nr.: 52 50404
ISBN 978-3-86773-097-6

Notizen

Notizen

Notizen

Notizen

Notizen